女性のための

いちばんやさしい遺言書の書き方

曽根恵子
そね けいこ

JN064821

PHP

『女性のための いちばんやさしい遺言書の書き方』もくじ

＊本書の内容は2023年10月現在の法令をもとに作成しています。法令改正などにより記載の内容に変更が生じる場合がありますので、最新情報は国税庁問い合わせ窓口などでご確認ください。

プロローグ　～遺言書のある・なしで人生が変わります

「終活」という言葉は、すっかりお馴染《なじ》みとなりました。自分もそろそろ、と思うけれど、何から始めたらいいのか、何をするべきなのかがわからない……という人は少なくないのではないでしょうか。あるいは、周囲の人たちを見ても終活の必要性はよくわかるけれど、自分の最期＝死をイメージしてしまって何となく気が進まない、という人もいるかもしれません。

でも、終活をすると、やるべきことをこなしていくほど気持ちが明るくなり、前向きに日々を過ごせるようになると考えてはいかがでしょう。老後に対する漠然とした不安が解消され、「今、生きているこの瞬間」を楽しむことができます。実はそれが、最期への最善の備えなのかもしれません。

2018年9月。名優・樹木希林《ききききりん》さんがお亡くなりになりました。そのとき、注目されたのが希林さんの相続術です。

希林さんは、都内に8つの不動産を持ち、その渡し方を遺言書に残すことで、子どもたちへの負担を減らそうとされていました。その内容を知れば知るほど「これぞ見事な備え」「相続上級者」と感服します。

希林さんの相続術がいかに優れたものか、要点をまとめると次のようになります。

・娘婿を養子にしていた

希林さんは生前、娘婿を養子にしていた。それによって相続人が1人増えると相続税の基礎控除が増え、相続税の節税にもなる。娘1人で親の財産を抱えるよりも2人で分けたほうが支えやすくなる。

・財産の大部分を不動産にしていた

相続評価は半分以下となり、特例を使えるメリットが作れる。

・自宅は子ども世帯と同居していた

小規模宅地等の特例を使える。

・もとの住まいは賃貸で貸していた

不動産は現金と違って評価が下がり、特例を使える。また、賃貸すれば安定した家賃収入が入るようになり、将来の不安が減る。

・不動産を孫に贈与していた
早めに財産を渡すことで、節税になる。
・公正証書遺言を作成し、財産は子どもに残した
財産の渡し方をあらかじめ決めておくことで手続きが早くでき、もめごとを回避できた。

夫である内田裕也《うちだゆうや》さんには、遺言書によって希林さんの財産は一切相続させていない可能性があります。実際、希林さんは「私が死んでも、夫に財産は残さない」と宣言していたそうです。内田さんに遺産の一部でも渡してしまえば、子どもと一緒に相続税申告をするため、希林さんの遺産のすべても内田さんが把握できてしまうでしょう。そうなると、財産の半分は相続すると主張でき、娘夫婦とトラブルになるかもしれません。

そのような事態を避けるために、希林さんは生前に遺言書を作成していたようです。亡くなった後、残された不動産はひとり娘の也哉子《ややこ》さんや娘婿（俳優の本木雅弘《もときまさひろ》さん）の名義に書き換えられたようです。そして、内田さんには希林さんが所有するマンションに住んでもらい、娘夫婦に生活の保証をしてもら

うというのが、遺言の趣旨だったように思えます。

その相続術もさることながら、生前にきちんと遺言書を作っていたことは、さすがとしか言いようがありません。


希林さんの財産は10億円以上と言われ、一般家庭からはかけ離れていますが、相続の内容や遺言書を作成していたことは、どなたにも参考になることでしょう。希林さんがそう願って作成していたように、遺言書というのは、愛する家族が安心して過ごせるようにするためのもの、さらに、自分らしい生き方を最期まで貫くためのもの、と言ってもいいかもしれません。

遺言書は、財産の多い、少ないに関わらず、残された人たちに自分の思いを伝え、託すためのものです。そう考えると、「書いてみようかな」という気持ちになりませんか？

遺言書にはいくつか厳密な決まりごとがあり、専門用語も多く使われますが、基本的には「自分の意思を記すもの」ですから、案外、自由な部分も少なくありません。詳しくは本文で述べますが、気が変わったら書き直すこともできるのです。

ぜひ、自分の終活のストーリーを考えながら、遺言書を書いてみてください。本書では、自分で書き、押印して作成する「自筆証書遺言書」を中心に、遺言書を書くことのメリットと遺言書の書き方について説明します。最後に自筆証書遺言書の下書き用紙を用意しましたので、本書を読み返しながら、書き始めてみましょう。

＊本書の事例、遺言書例に登場する人の氏名はすべて仮名です。

1 章

遺言書を作るために知っておきたいこと

遺書と遺言書は違う

法的な効力の有無が重要

遺書と遺言書、いずれも自分の死後について何らかの意思表示をするために生前に書くものですが、この2つには明らかな違いがあります。それは、「法的な効力があるかどうか」ということです。

遺書は、自分の死後、家族や親しい人などに自分の思いを伝える「手紙」のようなもので、本人が死を覚悟したとき、あるいは死期が迫っているときに書き残すケースが一般的。紙に書いたもののほか、録音やメールとして残す人もいます。内容も形式も自由ですが、法的効力はありません。

一方、遺言書は、財産の処分方法について、誰にどの財産をどのように引き継いでもらいたいのか、自分の意思を記した文書です。

民法で定められた方法にそって作成し、公証役場の認証を受けたり、家庭裁判所で検認（遺言書の開封・確認の手続き）を行なったりするため、法的な効力を持っています。

遺言には、法的に大きく分けて「特別方式」と「普通方式」によるものがあります。特別方式による遺言は「危急時遺言」と「隔絶地遺言」の2つに分けられます。前者は病気などで死が迫っているときや、船や飛行機が遭難するなどして死が迫っているときに書かれたもの。後者は伝染病で隔離されているときや、船の中にいて一般の人と連絡が取れないときなどに書かれたもので、いずれも特殊なケースです。

通常は「普通方式」による遺言が一般的です。この普通方式による遺言には、次の3種類があります。

①自筆証書遺言

遺言者（本人）が書き、押印して作成。

②公正証書遺言

公証役場の公証人に作成してもらい、原本を公証役場で保管してもらう。

③秘密証書遺言

内容を秘密にしたまま遺言書の存在だけを公証役場で証明してもらう。

多く利用されているのは、自筆証書遺言と公正証書遺言で、いずれもメリット、デメリットがあります。

自筆証書遺言は、紙とペンと印鑑さえあれば作成できる最も簡単な方法です。手軽に作れる反面、不備があると無効になります。遺言者の死後、遺言書が発見されないケースや偽造・改ざんの恐れがあり、かえってトラブルを招くこともあります。また、法務局に預けておかないと家庭裁判所の検認が必要です。

公正証書遺言は、公証人が作成するので法的な不備は回避できますが、2人以上の証人の立ち会いが必要で、費用もかかります。

自筆証書遺言と公正証書遺言の違い

	自筆証書遺言	公正証書遺言
作成方法	遺言者が日付、氏名、財産の分割内容など全文を自書し、押印する	証人２人の立ち会いのもと、遺言者の意思を確認し、公証人が文書にして作成する
無効になる可能性	文意不明、形式不備などにより無効となることがある	公証人が作成するため、無効になることはまずない
保管場所	自宅か法務局	原本は公証役場
手数料	法務局で保管する場合には3,900円がかかる	相続財産の価額によって異なる。2万〜5万円が目安

女性にこそ書いてほしい遺言書

長い人生を楽しみ尽くすために

日本ではこれまで、財産は「父から子へ、子から孫へ」が、相続についての世間一般の考え方でした。

しかし、核家族化が進み、女性の生き方も多様になってきた今、相続について考え直す必要があるのではないでしょうか。

相続、そして遺言書を書くことは、もはや男性だけのものではありません。

離婚や死別などによって世帯主となった女性や、最初からシングルの道を選び、歩んでいる女性にとって、相続や遺言書を残すことは、他《ひ》人事《とごと》ではなく「自分ごと」です。

平均寿命を見れば、女性87・09年、男性81・05年と、女性は男性よりも6年長くなっています（令和4年簡易生命表の概況：厚生労働省）。さらに、女性の健康寿命を見ると75・38年。女性は長生きである上に、日常生活に制限のある不健康な期間が約12年もあるのです。

つまり、専業主婦であっても、夫を亡くした後、長い時間をひとりで過ごすことになります。その間は、不安や心配を抱えることなく、穏やかに毎日を過ごしたいはずです。

また、今は誰もが認知症になる可能性がある時代です。そのときが訪れても、できる限り自分らしく過ごしたい……と考えると、女性だからこそ相続や遺言書に、なるべく早く取り組むべきでしょう。

遺言書は自分らしい人生のパスポート

相続を考えたとき、「子どもに財産を残さない」という選択肢もあります。

親の遺産の相続で苦労したので、「子どもに同じような苦労をさせたくないから」と、相続の問題が発生しないようにあえて財産を使い切るという人もいます。

また、60代はまだまだ現役、70代、80代になってもアクティブな女性が増え、子どもに老後の世話をしてもらわなくてもいい、時間もお金も自分の自由に使いたい、という声を耳にするようになりました。

このように、「お金を貯《た》める」「財産を残して次世代へ」という発想や呪縛から解き放たれ、自由に生活していいのではないかと考える女性も増えてきています。

これまでの常識に振り回されることなく、人生を自分らしく生きていきたい――遺言書は、そのためのパスポートと言ってもいいかもしれません。もちろん、配偶者と一緒に暮らしている女性も、「自分の遺言書」を作ることができます。

次のページから詳しく説明しますが、遺言書には、相続に関することに限らず、たとえば「最後は◯◯のように見送ってほしい」というように、人生のしまい方についての意思を「付言事項」として残すこともできます。つまり、遺言書があることで、人生の最後まで自分で設計し、演出できるということなのです。

遺言できる内容と効力

相続・身分・財産処分について書く

遺言は、自分の意思を示すには最も確実な方法です。15歳以上で遺言能力（一定の理解力・判断力）があれば、誰でも遺言書を作成することができます。

基本的には、何を書いてもかまいません。ただし、遺言書に書いたことすべてに法的な効力があるわけではありません。遺言者の一方的な意思表示によって効力が生じる制度なので、法律でいろいろ定められています。

遺言で残せる意思表示は、法的に次の5つの事項に集約されます。

①相続に関する事項

- 遺産の分割
- 推定される相続人の廃除（73ページ）、及び廃除の取り消し
- 生前贈与の算定に関する意思表示
- 相続分（74ページ）の指定または指定の委託
- 遺産分割方式の指定または指定の委託
- 遺産分割の禁止
- 相続人間の担保責任※の指定

※遺産分割で取得した財産に他人の権利が付着していたり、隠れた瑕疵《かし》（欠点や欠陥）があったりした場合に、取得した相続人を保護するため、他の相続人に対して、損害賠償請求や解除を求めることができる。

- 遺留分侵害額請求の方法（77ページ）の指定

この「相続に関する事項」とは、遺産の分割に関わるいろいろな指定です。とくに遺言執行者を指定して、その人に遺言内容を実現する役割を委託することができます。

②身分に関する事項

・遺言による認知
・未成年後見人の指定及び未成年後見監督人※の指定

※後見人とは、有効な法律行為ができない人に代わって法律上の権限と責任を持つ人のこと。未成年後見人、成年後見人の2種類がある。後見監督人とは、後見人の仕事の内容をチェックする役割を担う人のこと。

この「身分に関する事項」とは、相続人となるべき人、つまり誰に相続してほしいのか、相続してほしくないのかを指定することです。これによって、認知していなかった子どもを改めて認知し、遺産を分け与えることもできます。

③財産分与に関する事項

・遺贈（遺言書で第三者に財産を渡すこと）
・寄付行為
・信託の設定

この「財産分与に関する事項」とは、財産をどのように処分していくかの意思を伝えるものです。社会福祉に活用してもらったり、自分の遺体を献体することなども明記できます。さらに、財産の管理・運用を目的とする信託を設定することもできます。

④遺言執行に関する事項

・遺言執行者（遺言の効力が生じた後、遺言の内容をそのとおりに実行する人）の指定または指定の委託

この「遺言執行に関する事項」とは、遺言を実行する人を指定したり、指定を委託することです。遺言は、遺言者の死後にその効力が生じるものなので、当然ながら遺言者自身はその実現を図ることができません。遺言者の意思を実行するためには、遺言執行をする人（遺言執行者）が必要なのです。

遺言執行者は、遺言で指定された人、あるいは家庭裁判所によって選任された人がなります。相続人や受遺者（遺言によって財産を受け取る人）にすることも可能です。ただし、未成年者は遺言執行者にはなれません。

⑤その他

・祭祀《さいし》承継者の指定
・遺言の撤回

祭祀承継者とは、系譜や祭具、墳墓などの祭祀財産や遺骨を管理し、祖先の祭祀を主宰すべき人のことです。祭祀財産とは、簡単に言えば、お墓や仏壇、位牌《いはい》、神棚、十字架などのことです。

遺言書は、気が変わったらいつでも撤回したり取り消したりすることができます。これが「遺言の撤回」です。撤回に期限はなく、遺言を書いた人が亡くなるまでの間であれば、いつでも撤回が可能です。結婚や離婚、再婚など、ライフステージの変化に応じて遺言書をアップデートすることができるのです。

法的効力のない遺言も

遺言書に書かれた、すべての内容が法的な効力を持つものではありません。たとえば、「きょうだい仲よく暮らすこと」「家を継ぐ者に財産を託す」などは、故人の意思を伝えるものとして書く価値はありますが、法的な効力はありません。それを実行するかどうかは、あくまでも相続人の判断に任せられます。

また、次の2つの内容も法的な効力はありません。

・葬儀に関すること……「簡素に」「家族だけで」「無宗教で執り行なう」など

・献体、臓器移植、アイバンク……遺言書に書かれていれば法的効力がありますが、遺言書とは別の公正証書や意思表示カードの登録では、家族の同意がなければ実行はされません

「付言事項」を活用する

法定相続分（74ページ）と異なる内容の遺言書を作成する場合などは、「なぜ自分はこのような内容の遺言書を作成したのか」について、「付言事項」として記載することができます。付言事項は、遺言としての効力があるわけではありませんが、遺言内容の理由や、そう決めるに至った自分の思いを記載することで、意思を伝える一助になります。（38ページ）

あるいは、遺言書とは別に、自分の気持ちを綴《つづ》った家族あての手紙を書き、遺言書と一緒に保管しておくことも説得材料になります。

遺言書作成のメリットと注意点

相続トラブルを予防できる

繰り返しになりますが、遺言書の最大のメリットは、自分で築いた財産に関し、どのようにしたいか、自分の好きなように決めることができることです。

また、遺言執行者を指定できるので、「より信頼できる人に相続の手続きをお願いしたい」と考えているなら、その意思を実現できます。

もうひとつの大きなメリットは、相続のトラブルを防げるということです。先述したとおり、家族の誰かが亡くなったときにもめごとが起き、トラブルになる家庭は、亡くなった人の意思が見えないことが大きな原因です。

「うちは、家族も親戚もみんな仲がいいから、もめる心配はない」「自分には大した財産はないから、トラブルが起こりようがない」と言う人は少なくありません。けれども、実際には、亡くなった人の財産を前にすると、仲がよかったはずの家族や親戚との関係が悪くなったり、最悪の場合、絶縁になることもあるのです。そしてそれは、財産の多い、少ないに関係なく起こります。これが、現実です。

でも、あらかじめ遺言書で遺産の分け方を指定しておけば、相続人間のトラブルを防ぐことができます。仮に多少の不協和音があったとしても、亡くなった人の意思が遺言書という形で目に見えるので説得力があり、相続人は亡くなった人の意思を生かした相続をすることができます。

遺言書がないと遺産分割協議に

かつて家督相続制度が存在していた時代は、その家の家長にある人が全財産を無条件で相続することが当たり前でした。

しかし、現在は民法によって、法定相続人による共同相続となり、法定割合で分ける時代に変わりました。亡くなった人が遺言書を残さないと、相続人全員で必ず「遺産分割協議」を行なう必要があります。

この遺産分割協議がなかなか難しく、いざ始まると、すんなりまとまるケースばかりではないのです。

今、この本を読んでいる方に子どもがあれば、多くは独立し、それぞれに家庭があるのではないでしょうか。子どもたちの子ども、つまり孫たちも教育費がかかる年代でしょう。

長く続く不況の中で、苦労せずに財産を得られるかもしれないチャンスが来たとなれば、少しでも多くの財産をもらいたいと考えるのも、無理はありません。

こうしたさまざまな事情から、それまで円満だった家庭であっても、財産をめぐってお互いに疑心暗鬼になり、冷静さを失って泥仕合に発展してしまいかねません。それが、「相続は争族」だと言われる理由です。

家族の幸せのために長年苦労して築いた財産が、自分の死後、その意に反して家族をバラバラにしてしまうというのは、何とも悲しく、やりきれません。

長年の経験から、身内の争いを残さないことも大きな財産になるということです。金銭や土地など「有形の財産」は、残された人にとって大きな価値がありますが、財産をめぐる争いを防ぐことができる「無形の財産」＝遺言書は有形の財産を残す以上に重要だと考えています。

遺言は書面で残す

遺言は、遺言書として書面に残しておかなければ、その効力は発生しません。本人の意思が確認できても、動画の撮影データや録音された音声データでは遺言としては無効です。

遺言書の書き方にはいくつかの決まりがありますが、何に書くか、何で書くかに関しては、特別な制限はありません。便せんやレポート用紙などでもよく、筆、筆ペン、万年筆、ボールペン、サインペンなど、何でも可能です。ただし、消すことができる鉛筆や、ボールペンでも消すことができるものは使えません。

なお、本書で取り上げる自筆証書遺言については、自筆証書遺言保管制度を利用する場合は様式が定められていて、ルールどおりに作成しないと法務局で受け付けてもらえません。ルールについては2章で詳しく紹介します。

あいまいな表現はしない

とくに財産に関することは、誰にどの財産を残すのか、きちんと特定できるように書くことが必要です。たとえば、「自宅の敷地」といった大雑把な表現ではなく、地番や面積まで、登記簿謄本のとおりに記載します。

預貯金も、銀行名・支店名・口座の種類と口座番号（金額は書かない）を、株なら会社名と株数なども記載しましょう。但し、「全財産」「一切の財産」などと記載してもかまいません。

そして、これらの財産を、ただ「譲る」「引き継がせる」という表現ではなく、「相続させる」と書くことがポイントです。

意思を伝えるための4原則

最後に、相続でしこりを残さないための4つのポイントをご紹介しましょう。

①遺言書の存在をオープンにする

こっそり作って隠しておいたりすると、かえって争いを招く原因になりかねません。とくに、ひとり暮らしをしている場合は、自分の死後、遺言書を見つけてもらえないこともあります。相続人全員に、遺言書の存在を知らせておきましょう。

②不公平感がないように分割する

残された人が不平や不満を抱くことがないような分け方を心がけましょう。遺留分（77ページ）を請求される場合もあるので、十分配慮が必要です。

③なぜそう分けるか、理由や思いも明記する

付言事項（17、38ページ）として、なぜそういう遺産分割をしたいのかという理由を書き添えておくと、意思が伝わりやすくなります。

④感謝や思いも書き添える

財産を残す人たちに、感謝や思いを言葉にして書き添えましょう。万が一、遺言書が無効になっても、意思を汲《く》み取ってもらえる可能性があります。

NG例と訂正例

NG例	訂正例
姪の○○に最大限の権威と発言を与えます。	姪の○○に全財産を相続させます（または遺贈します）。
私の遺産についての分配は、姪の○○を最大、第一条件に指名します。	私の遺産についての分配は、姪の○○を遺言執行者として指定します。

遺言書の有無で結果が変わってしまった事例

事例1　兄対妹3人。話はまとまらず裁判に

日々相続についての相談に応じていると、「遺言書があったら、こんなことにはならなかったのに」と思うことが多くあります。

たとえば、小久保美智子《こくぼみちこ》さん（50代）のケース。実家は農家で、ずっと田畑を耕作してきました。田畑はほとんど自宅から徒歩圏内にあります。親の代は先祖からの土地で農業をするのは当然のことでしたが、同居する長男（小久保さんの兄）はサラリーマンで、親が高齢になって農作業ができなくなると、長男は田畑を他人に貸していました。

田畑は全部で5000坪以上ありますが、5年ほど前から始まった区画整理で、ほとんどの土地が宅地造成されることになり、それによって、土地の評価や利用価格が格段に上がりました。ちょうどその頃に親が他界。相続人は長男（兄）と実家の近くに嫁いだ姉、他県に嫁いだ小久保さんと妹の4人です。

以前から、小久保さん姉妹と兄嫁（長男の妻）は折り合いが悪かったようですが、相続の際にそれが表面化。長男対妹3人で対立してしまいました。

長男が提示した遺産分割案は、「ほとんどの財産は自分が相続し、嫁に出た者にはせいぜい1000万円」というものでしたが、当然、小久保さんたち3姉妹は納得できません。財産の総額は8億円なので、4人で等分すれば1人2億円。小久保さんたち3姉妹は、兄にほとんど

の財産を渡せば兄嫁が好き勝手に売却してしまうのではないかと危惧し、ならば自分たちが相続して実家の財産を守りたいと考えました。

全員で何度か話し合いをしたものの、ほとんど平行線に近い状態で、一向に遺産分割協議書を作成できません。業《ごう》をにやした小久保さんは、長男とは別の税理士に依頼し、姉妹3人だけで、長男とは別に申告書を出すことにしました。遺産分割は期限までにまとまらないので、法定割合（民法で定められる相続割合／74ページ）のまま未分割で申告し、分割協議がまとまった時点で修正申告をするようになりますが、家庭裁判所の調停で決着するしか方法がありませんでした。

遺言書があったらどうなっていた？

一般的に、今では昔の家督相続の名残はほとんどありません。とくに家業がなく、長男が跡取りということでなければ、財産の分け方は兄弟姉妹でほぼ等分というケースが増えています。小久保さんの件も、長男は家業を継いでいないので、親は、財産のほとんどを相続させるのではなく、嫁いだ娘たちにもそれぞれ分けるような配慮が大切で、せめて遺留分（77ページ）を満たすことが必要でした。

親が「遺産は兄妹でほぼ同等に分ける」と遺言していれば、小久保さんたち姉妹も不愉快な思いをしなくて済んだでしょう。長男の嫁と娘たちの仲がよくないのであれば、もめることは想定内、遺言書を準備しておくべきでした。

遺言作成のポイント

・家業を継いでいる相続人の他にも相続人がいる場合は、公平に遺産分割をすることが大切。

事例2

自宅も賃貸物件も妹ではなく自分が相続したい

前田由香《まえだゆか》さん（60代）は夫と離婚し、実家に戻りました。ひとり息子は結婚し、別居しています。父親は5年前に他界し、現在は母親とふたり暮らしです。妹が近くに嫁いでいますが、数年前に事業家の夫を亡くし、子どももいないので現在、ひとり暮らしをしています。

母親が亡くなり、妹と2人で相続手続きをすることになりました。母親の財産は、自宅と9世帯の賃貸アパートと預金です。毎年確定申告を依頼していた税理士のもとへ相談に行ったところ、アパートのローンが残っていて、その分を差し引けるので母親の財産評価は基礎控除内、相続税の申告は必要ないとのことでした。

問題は、財産を妹とどう分けるか。母親の遺言書はありません。

前田さんと亡き母は、アパートの家賃収入を生活費に充《あ》てていました。自宅に住んでいて、アパートの家賃が生活費となれば、自宅もアパートも自分がもらいたい、というのが前田さんの気持ちです。

妹の意思を確認したところ、自分にも住む家はあるので、不動産は相続しなくてもいいと言ってくれました。不動産は前田さんが相続し、妹には代償金（財産を相続する代わりに、他の相続人に払うお金）を支払うという基本方針には合意してくれました。

この場合、代償金が折り合えば問題はありません。でも、前田さんにしてみれば、「今後の生活や賃貸事業をしていくことを思うと、妹には夫の遺産もあって生活に余裕があるのだから、代償金は少なくしてもらいたい」というのが本音でした。でも、代償金を決めるにあたって前田さんが示した金額は、妹にとっては予想以上に少なく、「同意できない」という返事。

話し合いをしてみても結局まとまらず、とりあえず未分割のままで、共有財産としました。自宅（実家）には前田さんが住み、賃貸収入も修繕費等の支出も妹と2等分することで、何とか維持している状態です。

遺言書があったらどうなっていた？

母親が遺言書を作り、「不動産は長女に相続させる」と遺言を残していれば、相続分をめぐって妹ともめることはなかったでしょう。ただし、それには母親が元気なうちに、母親と前田さん、妹の3人で話し合い、全員の合意のもとで遺言書を作る必要があります。

自宅を前田さんと妹の共有財産とするのは、問題解決を先延ばしにするだけで、本当の解決とはいえません。今後、妹より先に前田さんが亡くなる可能性もあります。そうすると、妹と前田さんの息子との間で分割協議が必要となります。その際にまたもめないよう、姉妹でよく話し合って、一日も早く母親の相続の遺産分割を終えるのが賢明です。

遺言作成のポイント

- 相続税の申告が不要な場合、いつまでも未分割の状態が続くこともある。早めに遺産分割をしてしまうことが大事。
- 不動産を共有財産にするのは、問題解決を先送りしているに過ぎない。誰に何をどう分割するのか、相続させる内容を明確にすることが大切。

遺言書があったのに役に立たなかった事例

事例1　姉の策略で会社の土地まで取られた

野村《のむら》ひとみさん（50代）は病死した夫の後を継いで、夫が創業した旅行会社の社長として、日々飛び回っています。夫が亡くなるまでは専業主婦だったという面影はなく、今や会社の代表者としての顔となりましたが、慣れるまでは苦難の道のりだったということです。

夫は30代で脱サラ、独立し、自社ビルを建てるところまでは順調に発展。しかし、無理がたたって40代で体調を崩し、入院を余儀なくされました。当然ながら、経営トップが抜けると会社の経営は厳しくなり、自社ビルの建築費の銀行借入金の返済にも困るようになりました。

見かねた野村さんの父親が、会社の土地と建物を買い取るようにしてお金を出してくれたため、銀行に返済することができました。土地、建物が父親所有となり、「大変なときだから」と家賃を払うことなく使わせてもらえるようになり、おかげで何とか事業を続けてこられたのでした。その後、夫が亡くなり、野村さんが社長を継承して、家族的な旅の企画を主軸として営業にも飛び回るようになり、業績はようやく安定してきました。

そんな矢先、今度は父親が亡くなりました。野村さんには姉がおり、父親の公正証書遺言があると言って、野村さんの会社の不動産を自分の名義にし、家賃を請求してきたのです。

父親の遺言書の内容は、姉と養子にした姉の子にすべてを相続させる内容で、母親は相続人から廃除する（相続させないように）とも書かれていました。野村さんの相続分もありません。

驚いた野村さんは、登記される前に弁護士を通じて母親の廃除の取り消しと遺留分侵害額請求（法定相続人に最低限保証される相続財産の取り分を侵害された場合、その侵害額に相当する金銭の支払いを請求すること）を起こしましたが、3年経ってもまだ決着しません。

依頼した弁護士が「慌てなくても大丈夫」と言っている間に、姉と子の名義に登記もされてしまいました。このまま任せておいていいのか、野村さんは不安になりました。

父親は普段から「会社の土地は野村さんに相続させる」と公言していた事実もあり、打つ手はいくらかあったはずですが、今となっては簡単ではありません。

依頼を受けている弁護士が、後手後手にならないよう知恵を出して依頼主を守ることが務めだと思いますが、そのような認識ではない様子です。姉の一存で、まったくの他人に売却されてしまえば野村さんの会社の存続も危うくなるので、対抗できる手段を模索しなければなりません。

問題になったポイント

- 経営する会社の不動産を姉と子が相続した
- 使用貸借だった不動産の家賃を請求された
- 姉が賃貸物件として売却する可能性もある

教訓

- 不動産の名義を、会社から父親に変えるのではなく、野村さん名義にするべき
- 会社の不動産は自社での保全が必要

事例2　アパートの負債は誰が引き継ぐ？

影山由梨《かげやまゆり》さん（50代）のケースです。実家では、父親が亡くなってからは母親がひとり暮らし。近くに住む影山さんの妹が、母親の面倒をみていました。

その母親も半年前に他界。亡くなってから、母親が公正証書遺言を残していたことがわかりました。それは、影山さんにはアパートだけ、自宅と預貯金など他のすべては妹に、という内容でした。

アパートよりも自宅のほうが広く、評価も高いことは明らかで、預貯金なども入れると、割合でいえば妹が65パーセント、影山さんが35パーセントとなります。

それだけなら、アパートを所有する影山さんは「収益があるアパートだけでいい」と納得できるところでした。

しかし、遺言書作成後、母親は老朽化したアパートを建て替えており、その建築費は銀行から借りています。つまり、負債を抱えているわけです。その負債を、影山さんと妹のどちらが相続するかが問題となりました。

遺言書の文章では、負債も一切を妹が相続することになっていて、銀行の連帯保証人にも妹がなっています。

さらには、遺言書には古い建物の家屋番号が記載されたままだったため、建て替えた家屋番号とは違っていました。司法書士の判断では遺言書で登記はできず、妹の協力がないと影山さんの名義にすることはできません。

ところが、妹はアパートを影山さん名義にするどころか、遺言で指定されていない財産については2人の共有財産となるので「アパートの建物は共有したい」と言い出したのです。

建物が共有となれば、「家賃も半分ずつ」と主張されるでしょうし、先々、トラブルに発展することは間違いないでしょう。

影山さんは「負債を相続したくない」という考えでしたが、アパートに関わる名義は影山さんだけにしたほうが問題がないことを説明しました。負債のために相続する正味財産（資産から負債を差し引いたもの）が少なくなる分は、遺留分として請求することもできます。

影山さんは「こんなことになるなら、アパートは建て直さずにそのまま残してくれたほうが、まだよかった」と嘆いています。負債があったことは節税になったと言えますが、それよりも大きな課題が残った結果となってしまいました。

問題になったポイント

・建物の家屋番号が違うので登記できない
・アパートの負債の相続人は、明記されていない
・遺言書に記載がない財産は、遺産分割協議が必要

教訓

・状況の変化があれば遺言書は作り直す
・不動産を共有することは避けたほうが無難
・解釈が違う場合は、家庭裁判所の調停に
・遺留分を侵害されている場合は、侵害額請求をする

事例3　相続を「贈与」と書いていたために…

遺言書の書き方を間違え、思わぬ結果を招いてしまったケースもあります。

大西《おおにし》京子《きょうこ》さん（60代）の夫は鉄道会社のサラリーマン。30年以上の勤続の上、まじめな人柄もあり、職場からも信頼を得て、部下たちからも慕われていました。ところが、40歳になって程なく、会社の健診で胃に異常が見つかりました。再検査の結果、胃がんとの診断。手術を余儀なくされましたが、発見が早かったため回復も早く、半年程度で職場に復帰しました。その後、10年ほどは普通の生活をしていましたが、50代半ばでがんが再発。闘病の末、亡くなってしまったのでした。

大西さんの夫は長男ということもあり、家を購入した際に母親を呼び寄せ、同居をしています。夫の父親は、夫を頭に4人の子どもがありながら、責任感のない人で、子どもが小さい頃に家を出て、音信不通だったといいます。夫が言うには、父親らしいことをしてもらった記憶がないとのこと。その分、母親の苦労する姿を見てきたので、面倒をみるのは長男として当然、と考えていたそうです。

ある日、何年も音信不通だった父親から、同じ県内で生活していると連絡がありました。しかし、夫とすれば許せるはずがなく「親子としての縁は切った」と話していました。

夫はがんが再発した頃から死を覚悟したようで、自筆の遺言書を作成して京子さんに預けていました。夫婦の間に子どもがいないことから、自分が亡くなったときの相続人は配偶者（妻）と両親になると聞いて、あんな父親に自分の財産を分けたくないと思ったようです。母親に関しても、長年同居して扶養してきたので長男の務めは十分果たしたし、自分がいなくなってから、家族のことで妻に今以上の負担をかけることは忍びないという気持ちが強くありました。したがって、遺言書の内容は「財産のすべては妻に」というものでした。

自筆の遺言書は、家庭裁判所で検認（遺言書を開封し、内容を確認）する必要があります。京子さんは知人からアドバイスを受けていたので、裁判所に遺言書を持参しました。すると、遺言書には「全財産を配偶者に贈与する」と書かれていたのです。日付や署名はきちんとしており、遺言の要件は満たしていましたが、「相続させる」という言葉ではなく「贈与する」と書いてあったのです。

相続税の申告は、遺言の内容どおりに「配偶者に全財産」で済ませることができましたが、問題は自宅不動産の登記でした。京子さんは配偶者なので相続人となり、「相続」なのですが、遺言書には「贈与する」と書いてあるため相続ではなく、法務局では「遺贈」扱いにするとの結論。再度、家庭裁判所の手続きが必要となりました。

家庭裁判所には遺言執行者選任の申し立てをし、認められてから手続きに着手できます。手続きは大変でしたが、何とか登記が完了。しかし、贈与だと登録免許税は相続税の5倍。現在は法改正されましたが、京子さんは贈与扱いとされ、大変な思いをされました。

問題になったポイント

・配偶者に「相続させる」と書くべきところ、「贈与する」と書いてしまった

教訓

・必ず、相続人へは「相続させる」と書く
・相続人であれば、遺贈も相続も登録免許税は同じ。
・相続人以外の遺贈は相続の5倍。

Column① 遺言書必要度チェック

遺言書はだれもが「自分ごと」として書いたほうがよい時代となりました。とくに財産については、財産の多い・少ないということよりも、親子や兄弟姉妹との関係が問題になります。

また、自分の財産をだれに、どれだけ渡したいかなど、特別な思いのある人は、遺言書を書いておく必要があるといえます。

下記のいずれかひとつでもあてはまったら遺言書を作成したほうがいいでしょう。

<境遇>

☐独身で、子どももいない
☐配偶者はいるが、子どもはいない
☐配偶者がすでに他界、子どもはいる
☐先妻・先夫の子どもや、後妻・後夫の子どもがいる
☐配偶者はすでに他界、子どももいない

<家族関係>

☐家族間ですでに争いを抱えていたり、疎遠になっている
☐相続人が複数同居している
☐内縁関係（事実婚など）の夫・妻がいる
☐認知した子どもがいる
☐相続人に行方不明者や海外在住者がいる
☐子どもや兄弟姉妹が先に亡くなり、代襲相続人（甥《おい》や姪《めい》）がいる

<財産の内容>

☐財産の中に不動産がある
☐財産の多くは不動産である
☐不動産（収益不動産を含む）が分けられない、分けにくい
☐共有名義になっている不動産がある
☐生前贈与した財産がある
☐会社を経営しており、株を所有している

<特別な思い>

☐特定の相続人に多く分けたい、または分けたくない
☐介護や事業に貢献してくれた相続人に多く分けたい
☐相続トラブルを避けたい
☐家を継いでくれる人（後継者）に多く分けたい
☐援助が必要な相続人（障がい者、独身者など）に多く分けたい
☐相続権のない孫や嫁、兄弟姉妹に遺産を分けたい
☐公益団体（国・市区町村・学校・病院・NPO法人）などに寄付したい

2章

自筆遺言書の書き方のキホンとケース別遺言書例

遺言書作成の順序

法的な〝漏れ〟がないように

自筆証書遺言は、次のように法的に必要な要件が3つ定められています。

①全文を自筆で書く（パソコン入力・録音テープは不可。ただし、財産目録についてはパソコン入力も可）

②作成年月日と氏名をきちんと全部書く（ただし、本人と特定できれば通称でも可）

③押印する（認印でも可）

書き間違えた場合は、法で定められた訂正方法を取らなければ遺言が無効になることがあるので、すべて書き直したほうがいいでしょう。

遺言書を書く前に準備しておきたいことがあります。まずは「法定相続人」（70ページ）の確認、つまり被相続人（本人）の財産を相続する権利があるのは誰か、ということです。次に、財産の状況を把握すること。正しい遺言書を作成するためには不可欠です。不動産・不動産以外の財産・マイナスの財産（66ページ）に分けて財産目録を作っておきましょう。

その上で、相続人の誰にどの財産を相続させたいのかを決めます。相続人から廃除したい人を指定したり、法定相続人以外の人に財産を渡すこともできます。

以上のことができたら、いよいよ遺言書作成となりますが、書き損じを防ぐためにも、まずは下書きをすることをおすすめします。そこで間違いなし、となったら清書し、作成年月日と氏名を記入し、押印します。

自筆証書遺言の作成方法

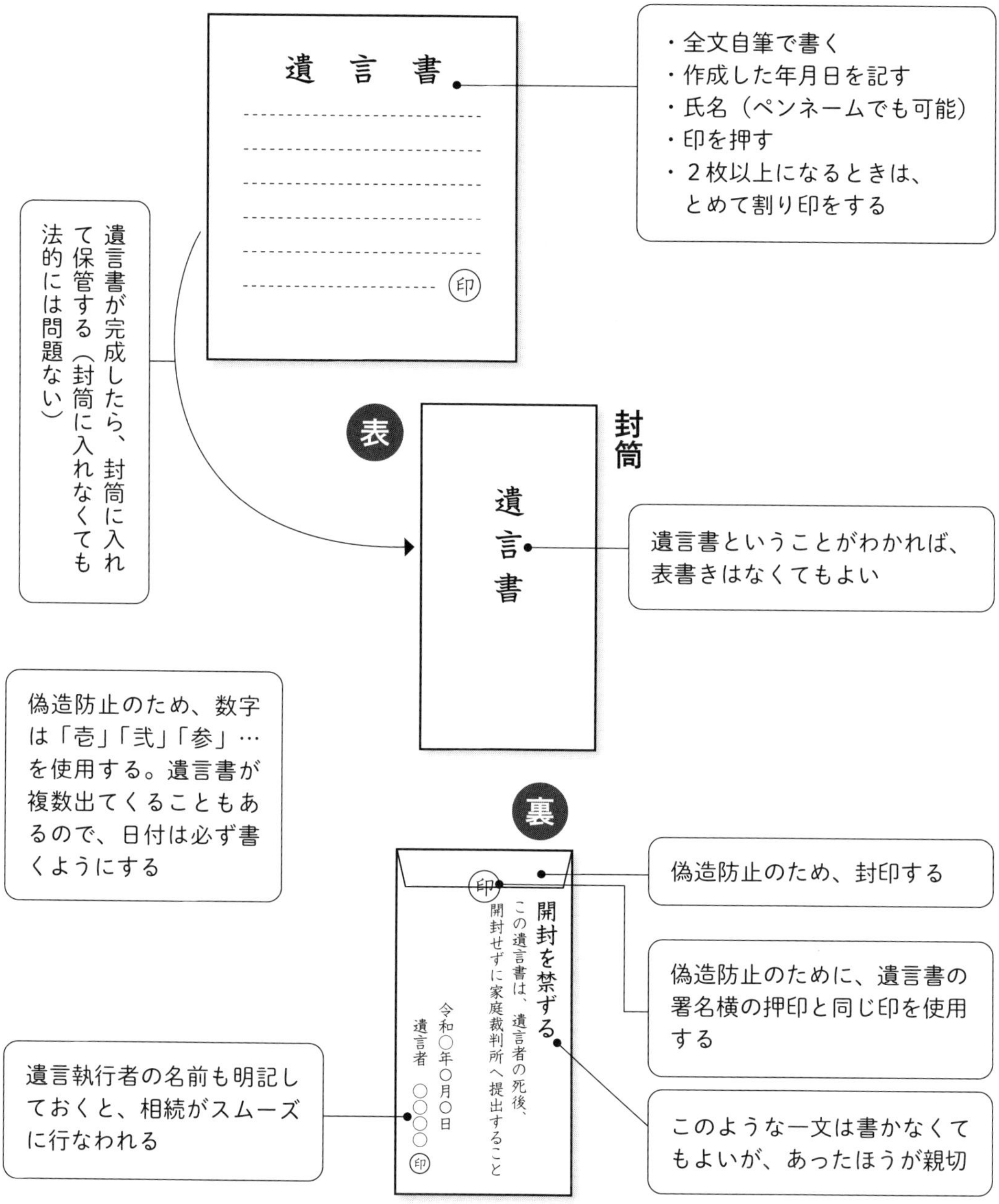
遺　言　書
印
・全文自筆で書く
・作成した年月日を記す
・氏名（ペンネームでも可能）
・印を押す
・２枚以上になるときは、とめて割り印をする
遺言書が完成したら、封筒に入れて保管する（封筒に入れなくても法的には問題ない）
封筒
表
遺言書
遺言書ということがわかれば、表書きはなくてもよい
偽造防止のため、数字は「壱」「弐」「参」…を使用する。遺言書が複数出てくることもあるので、日付は必ず書くようにする
裏
偽造防止のため、封印する
偽造防止のために、遺言書の署名横の押印と同じ印を使用する
開封を禁ずる
この遺言書は、遺言者の死後、開封せずに家庭裁判所へ提出すること
令和○年○月○日
遺言者　○○○○　印
このような一文は書かなくてもよいが、あったほうが親切
遺言執行者の名前も明記しておくと、相続がスムーズに行なわれる

遺言書を発見したら

遺言書の保管者または発見者は、遺言書を家庭裁判所に提出し、検認を受ける。封印してある遺言書は、家庭裁判所で相続人（もしくは代理人）立ち合いのうえ、開封する。

遺言書に書くべきこと

相続に関することは必須

前章で、どのような意思表示を遺言書に残せるのかを紹介しました。それらについて、もう少し具体的に説明しましょう。

遺言書に残すものとして最も重要なのが、相続に関する事項です。「誰に、どの財産を、どれだけ相続させるか、あるいは遺贈するか」を考えましょう。たとえば、自宅の土地建物は長男に、預貯金は次男と長女に半分ずつ相続させる、というように指定することができます。

遺言書で決めておけば、本人が亡くなった後、相続人同士で話し合う必要がないので、トラブルを避けることができます。これが遺言書を書くいちばんのメリットと言えるでしょう。

ただし、法定相続分（74ページ）と異なる割合で相続させる場合は、遺留分（77ページ）でもめる可能性があるので要注意。相続をめぐるトラブルを防ぐためにも、生前に相続人には遺言書を作成していることと自分で決めた内容なので理解してもらうよう伝えておきましょう。

法定相続人や親族ではない人に遺産を分けることを「遺贈《いぞう》」といいます。たとえば、お世話になった長男の配偶者やいとこにも渡したいと思っても、どちらにも相続権はないので遺言書で遺贈すると記載しておく必要があります。

また、日本赤十字社、日本動物愛護協会などといった公益法人やNPO法人などに寄付することもできます。活動内容に共感し、支援したいと思う団体への寄付も「遺贈」となります。

後見人、遺言執行者の指定

配偶者が亡くなっていたり、離婚したりした家庭の子どもが未成年者の場合、その親が亡くなると親権者がいなくなるので、後見人がつくことになります（未成年後見人）。

未成年後見人は家庭裁判所の裁判官が選ぶのですが、遺言によって、あらかじめ決めておくことができます。未成年の後見人には、自分が知っている、信頼できる人にお願いしたいと思う場合は、遺言書で指定しておきましょう。

遺言執行者も、遺言で指定することができます。遺言執行者とは、遺言者の死後、遺言者に代わって遺言の内容を実現させる人のことで、遺言書を実現する権限と責任が、法律によって認められています。

遺言執行者は必ずしも必要ではありませんが、遺言によって不動産の名義変更や、預貯金の払戻しの手続きなどには法律の知識も必要です。相続人がそれらの手続きをするには難易度が高いといえます。そこで弁護士など相続手続きに慣れた専門家を遺言執行者に指定しておくと安心して任せられます。

祭祀承継者の指定

「祭祀《さいし》承継者」とは、お墓や位牌《いはい》、仏壇、神棚、十字架などを引き継ぐ人のことです。通常、親族間の話し合いや地元の慣習によって、これらを誰が継承するか決めますが、近年は、誰も引き受けたがらなかったり、押し付け合ったりということも少なくないようです。本人にも伝えたうえで、遺言書に祭祀承継者を書いておくとトラブルが防げます。

残された家族に迷惑や負担をかけたくないからと「墓じまい」を希望する場合は、その旨を伝えておき、遺言書に記載しておきましょう。

付言事項《ふげんじこう》とは

「付言事項」は書いておくのが賢明

遺言書には、法的効力を持ち、身分、財産、相続のことを記載した「法的遺言事項」の部分と、相続人に伝えたいことを自由に書けるが法的効力はない「付言事項」の部分があります。

法的な部分では伝わらない意思や気持ちを付言事項に書くことで、もめごとも防ぐことができます。

ひとつ事例を紹介します。

田島律子《たじまりつこ》さん（70代・専業主婦）は5年前に夫を亡くし、ひとり暮らしをしています。子どもは長男・長女の2人。自分の死後は、亡夫から相続した財産を2人に相続させることになります。しかし、事業をしている長男には、これまで多額の援助をしてきたので、残る財産はすべて長女に渡したいと考えていました。

長男も、「これまでさんざん助けてもらったから、相続時は何もいらない」と言っていますが、配偶者が納得しない可能性もあります。一方、長女は親のお金を頼ってばかりいた長男を腹立たしく思っているようで、遺言書がなければトラブル必至です。そこで、①遺言書で分割を決めておくこと、②遺言書を作成し、長男が相続発生前に遺留分放棄の手続きをすること、そして「付言事項」に長男、長女へのメッセージを残すことで「トラブルを防げる」と安心し、すぐに遺言書を作成されました。

次ページにあるのが、田島さんが作成した遺言書です。

遺言書例　付言事項をつける場合

遺　言　書

遺言者　田島律子は次のとおり遺言する。

1．遺言者は遺言者の有する下記の不動産を含む全財産を、遺言者の長女◯◯に相続させる。

【区分所有建物】
（一棟の建物の表示）
所在　　◯◯区◯◯
建物の名称　　◯◯◯◯
構造　　鉄筋コンクリート造陸屋根３階建
（専有部分の建物の表示）
家屋番号　　◯◯◯◯
建物の名称　　◯◯◯◯　　（土地部分省略）

2．遺言者は、長女◯◯が遺言者の死亡以前に死亡（同時死亡を含む）したときは、前記の財産を、長女◯◯の長女△△（平成◯年◯月◯日生。以下「孫△△」という）及び長女◯◯の次女□□（平成◯年◯月◯日生）に等分の割合で相続させる。

3．遺言者は本遺言1．の遺言執行者として長女◯◯を、2．の執行者として孫△△をそれぞれ指定する。
2遺言執行者は、不動産の名義変更、預貯金の解約・払戻し等、本遺言を執行するために必要な一切の権限を有する。

4．遺言者は、祖先の祭祀を主宰すべき者として、長女◯◯を指定する。

（付言事項）
長男◯◯へ　今までに渡した分を相続の前渡しとして納得してください。
親とすれば十二分にしてきたと思っています。
これからは妹を助けてくれることを期待します。
長女◯◯へ　兄に対する気持ちを忘れないでください。
ひとり暮らしで不自由なところを支えてくれて感謝しています。

令和◯年◯月◯日

東京都◯◯区　◯◯丁目◯番
遺言者　田島律子　㊞

遺言書の書き方と保管方法

「遺言書」からスタート

では、遺言書の具体的な書き方を説明しましょう。まずは、冒頭に「遺言書」と書きます。これは必須ではありませんが、手紙ではないことを示すためにも、書いておきます。

改行して、「遺言者（氏名）は次のとおり遺言する」と書き、その後、誰に何をどのように残したいか具体的に書いていきます。次ページに書き方の例を載せておきますので、参考にしてみてください。

自筆証書遺言保管制度とは

自筆証書遺言は、自分で保管しておく必要があったため、紛失や隠ぺい、改ざんなどのリスクがありました。そのような事態を避けるため、2020年から法務局に自筆証書遺言を保管できる制度が始まりました。それが、自筆証書遺言保管制度です。

自筆証書遺言の場合、34ページで挙げた3つの必須要件のほかに、法務局で保管する「自筆証書遺言保管制度」を利用する場合は、次のような決まりがあります。

・用紙はA4サイズ、裏面には何も書かない
・用紙の上下左右に余白をとる
・通し番号でページ番号を記載する
・複数ページでも綴じ合わせない

以上のルールにそって遺言書を作成しないと、法務局で受け付けてもらえないので注意しましょう。

遺言書例　一般的な場合

余白５㎜確保

遺　言　書

余白20㎜確保

遺言者　○○○○は次のとおり遺言する。

1．私名義の次の物件を長女○○に相続させる。
　東京都○○区○○丁目○○番
　宅地○○㎡　(中略)
　また、この家屋内にある家財道具等すべての財産も長女○○に相続させる。

2．私名義の○○銀行○○支店に有する預金、債権すべてを次女○○に相続させる。

3．私が所有している株式会社の株式は、長女○○に相続させる。

4．この遺言書の遺言執行者として○○市○○町○○丁目○○番、長女○○を指定する。

令和○年○月○日

東京都○○区　○○丁目○○番

余白５㎜確保

遺言者　○○○○　㊞

1／1

余白５㎜確保

戸籍通りの氏名

※文字が読みづらくならない模様や彩色がないもの
（一般的な罫線程度は可）

遺言書を書き換えたいとき

いつでも、何度でも変更や撤回ができる

遺言書を書き損じたり、一部を変更したいという場合は、遺言書を訂正することができます。ただし、その方法については法律で厳しく定められています。他人による改ざんのリスクを防止するためです。

遺言書の一部を訂正するには、まず、削除する文字に線を引く、あるいは追加する場所を示して文字を追記します。

次に、その削除線や追加した文字の近くに訂正印を押します。そして余白部分に、どこに何を訂正したのかを記し、署名・押印します。

このように訂正には手間がかかり、認められないリスクもあるので、あらかじめ下書きをしておいたり、新しい遺言書を作り直したりしたほうが無難です。

また、遺言書は取り消すこともできます（撤回）。その場合も、遺言書で行ないます。「令和○年○月○日作成の遺言を取り消す」と書いたり、いつどんな遺言書を作ったのか忘れてしまった場合は、「これまでのすべての遺言を取り消す」と書いてもかまいません。

このように、遺言書はいつでも何度でも作り直すことができ、新しい遺言書を作成すれば古い遺言は無効になります。つまり、内容はすぐに変えられるので、何を書こうか、どうしようかとぐずぐず悩んでいるより、まずは書いてみることをおすすめします。

遺言書例　訂正する場合

遺　言　書

遺言者　○○○○は次のとおり遺言する。

と建物 (印)

1．私名義の次の土地を長女○○に相続させる。
東京都○○区○○丁目○○番
宅地○○㎡　(中略)
また、この家屋内にある家財道具等すべての財産も長女○○に相続させる。

2．私名義の○○銀行○○支店に有する預金、債権すべてを~~次女○○~~に相続させる。
長女□□ (印)

3．私が所有している株式会社の株式は、長女○○に相続させる。

4．この遺言書の遺言執行者として○○市○○町○○丁目○○番、長女○○を指定する。

令和○年○月○日

東京都○○区　○○丁目○○番

遺言者　○○○○ (印)

余白部分に「内容の第弐条第弐拾六字目からの次女○○を長女□□に変更する。」と付記し、署名・押印する。

余白部分に「内容の第壱条第八字の次に「と建物」の参字を加入する。」と付記し、署名・押印する。

ケース別遺言書例①

成人した子どもが1人いる場合

遺言者＝落合早苗さん（60代）
推定相続人＝長男

子どもと孫に財産を半分ずつ分けたい

落合早苗《おちあいさなえ》さんは大学卒業後に食品メーカーに就職。結婚、出産後もバリバリ働いていました。やがて独立し、ケータリング会社を起業。経営者としての重い責任を担いながらも、天職だとますます仕事にのめり込んでいきました。

しかし、次第に夫とは気持ちがすれ違い、離婚。長男は落合さんが引き取り、息子のためにもと一層仕事に励み、会社は成長しました。

60歳の誕生日を迎え、あらためて今後のことを考えると、相続が気になり始めました。

通常なら、落合さんが築いた財産は長男1人が相続することになります。それでもいいのですが、落合さんとしては孫にも残したい。会社勤めの息子は母親の会社を継ぐ気はないようですが、大学生の孫は、どうやらビジネスの才覚がある様子。本人も「将来はおばあちゃんの会社を継ぎたい」と言っています。

そこで、財産を息子と孫に、ほぼ半分ずつ残したいと考え、長男にも相談したところ納得してくれたので、孫には「遺贈」とする遺言書を作成しました。

ポイント

・基本的に孫には相続権はないが、遺贈という形で財産を与えることはできる

遺言書例　子どもと孫に分けたい

遺　言　書

遺言者　落合早苗は次のとおり遺言する。

1．遺言者は、遺言者の有する下記の不動産を含む金融資産、債務の一切を遺言者の長男○○（昭和○○年○○月○○日生まれ）に２分の１の割合で相続させ、遺言者の長男の子△△（平成○○年○○月○○日生まれ）に２分の１の割合で遺贈する。

【土地】
所在　　○○区○○一丁目
地番　　○○番○○
地目　　宅地
地積　　○○㎡
【建物】
所在　　○○区○○一丁目
家屋番号　　○○番○○
種類　　居宅
構造　　木造スレート葺2階建
床面積　　１階　○○㎡
　　　　　２階　○○㎡

2．遺言者は、祖先の祭祀を主宰すべき者として、長男○○を指定する。

3．遺言者は、本遺言の遺言執行者として、長男○○を指定する。
２遺言執行者は、不動産の名義変更、預貯金等金融資産の解約、払戻し等、本遺言を実現するために必要な一切の権限を有する。

(付言事項)
仕事と家庭の両方とも精一杯取り組んできた日々で、何の後悔もありませんが、長男○○にはつらい思いをさせたかもしれません。幸い、いい家庭を築き、孫△△にも恵まれ、嬉しく思っています。
私が残したものはふたりで引き継いでもらい、生かしてもらえたらと、この遺言書にしました。心から、ありがとう。

令和○年○月○日

○○県○○市　○丁目○番
遺言者　落合早苗　㊞

ケース別遺言書例②

成人した子どもが複数人いる場合(1)

遺言者＝伊藤久恵さん（70代）
推定相続人＝長男、次男

独身の長男と独立した次男に財産を平等に

伊藤久恵《いとうひさえ》さんは、勤めていた会社を定年退職し、悠々自適な毎日を過ごしています。息子2人は成人していますが、長男は独身で伊藤さんと同居。次男は結婚し、別居しています。

財産分与について息子たちと話し合ったところ、長男が「自分が手続きを進めたい」と言って土地の権利証、伊藤さんの預貯金通帳、年金の通帳など全部を管理するようになりました。

長男は同居しているものの、家事を手伝うことは一切なく、食事を一緒にすることもありません。相続の話を始めてからは、家も財産もすべて自分のものだと言わんばかりの振る舞いです。「長男に財産を独り占めされずに、次男にもきちんと残してやる」にはどうすればいいかと、相談に来られました。

一般的に不動産の共有はおすすめしませんが、伊藤家の場合、長男が独身で、その相続人は弟であるため共有にすることをアドバイスしました。遺言書を作成し、長男だけでなく次男の権利も入れておけば長男の暴走は防げます。これで伊藤さんの悩みは解消されました。

ポイント

- 家に長男が住むことは了解の上で権利保全
- 次男に贈与する方法もあるが、長男とのトラブルを避けるため、それは選択しない

遺言書例　平等に分けたい

遺　言　書

遺言者　伊藤久恵は次のとおり遺言する。

1．（相続）　遺言者は、不動産及び預貯金等遺言者所有の一切の財産を、遺言者の長男○○と次男○○の両名に、各２分の１の割合で相続させます。
　なお、次男○○が遺言者より先に死亡した場合は、○○に相続させるとした財産をその相続人に相続させます。

2．（特別受益者の相続分）　遺言者は、これまで長男及び次男の両名にした生前贈与による特別受益の持ち戻しについては、これをすべて免除します。

3．（祭祀主宰者の指定）　遺言者は、祖先の祭祀を主宰する者として、長男○○を指定します。

4．（遺言執行者の指定）　遺言者は、本遺言の執行者として、次男○○を指定します。

（付言事項）

　私の残す財産は、結婚以来、私と亡き夫が力を合わせて、誰の力も借りることなく作ってきたものです。また、借金も残していません。

　いま、この財産が、信愛する二人の息子に引き継がれ、それぞれの生活に役立つことに満足しています。

　ついては、二人の息子に対し、私の財産の相続があくまでも円満に、かつ多少の感謝の念をもって行われることを切に願っています。

令和○年○月○日

○○県○○市○○
遺言者　伊藤久恵　㊞

※不動産の詳細は登記簿謄本のとおりに記載したほうがよい（45ページ参照）。

ケース別遺言書例③

成人した子どもが複数人いる場合(2)

遺言者＝杉田みどりさん（70代）
推定相続人＝長女、次女、三女

配分を変えたい

杉田《すぎた》みどりさんは、3人の娘を嫁がせた後、夫婦で暮らしていましたが、数年前に夫を亡くしました。その時、自宅は杉田さんの名義にしています。杉田さんは、自宅をはじめとする財産を3人の娘にどのように残すか頭を悩ませています。本来なら、子どもが複数人いる場合は、均等に分けることになるので、杉田さんの場合も、長女・次女・三女が財産を3分の1ずつ均等に相続することになります。しかし、長女は嫁ぎ先で夫の親の介護に追われ、三女は仕事で忙しく「お母さんの面倒はみられない」とのことで頼れるのは次女だけ。次女も、そのつもりでいるといいます。だったら次女に少しでも多く残してあげたい……そう思っています。

子どもへの配分を変えることは可能ですが、それを遺言書に明記しておく必要があります。

杉田さんは長女、三女に「財産は私の世話をしてくれるという次女に多く残したい」と遺言書の内容を知らせたところ、2人から了解を得られ、すっきりとした気持ちで遺言書を作成し、安心して毎日を過ごされています。

ポイント

・子どもへの配分は変えられる
・分割の内容は了解を得ておくのが無難

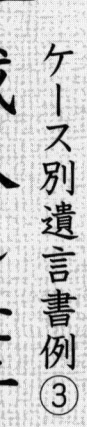

遺言書例　配分を変えたい

遺　言　書

遺言者　杉田みどりは次のとおり遺言する。

1．遺言者は、遺言者の所有する一切の不動産を、遺言者の次女○○に相続させます。

2．遺言者は、遺言者の所有する預貯金などの金融資産を、次の３名に、次の割合で相続させます。
　①遺言者の次女○○に対し、60パーセント。
　②遺言者の長女○○に対し、20パーセント。
　③遺言者の三女○○に対し、20パーセント。

3．遺言者の負債は前記の割合で負担するものとします。

4．遺言者は、この遺言執行者として、次女○○を指定します。

(付言事項)
　夫をなくした後も娘と孫に恵まれ、幸せな人生でした。とくに、事あるごとに助けてくれた次女○○は、最後の面倒をみてくれると約束してくれており、不動産を維持するために長女○○、三女○○より多く相続させることにしました。これについては３人とも了解してくれました。私亡き後も、３人仲良く助け合って円満であることを願っています。

令和○年○月○日

○○県○○市○○
遺言者　杉田みどり　㊞

ケース別遺言書例④

子がなく、きょうだいがいる場合

遺言者＝柏木典子さん（50代）
推定相続人＝姉、妹

両親の相続で姉が信用できなくなった

柏木典子《かしわぎのりこ》さんは三姉妹の次女。姉は嫁ぎましたが、柏木さんと妹は独身で、両親の面倒をみながら同居してきました。姉夫婦は3人の子どもに恵まれましたが、姉は仕事を続けたいため、子どもが生まれてからは同じ敷地の半分に家を建てて住むようになりました。母親が亡くなったとき、姉が相続の手続きをするというので任せたところ、詳しい説明がないまま預貯金はすべて姉名義に変更。姉を問い詰めたところ「じゃあ、全部を均等に分ける」と。その後、父親が亡くなり、また姉が勝手なことをするのではと心配になり、相談に来られました。

いちばんの課題は、土地をどう分けるか。土地の共有は問題になることが多いので、利用に合わせて分筆することを提案。土地の半分を姉に、半分を柏木さんと妹が共有すること、預貯金も法定割合で分けることで話がまとまりました。ただ、柏木さんと妹は、自分たちの財産は姉には渡したくないという気持ちが強く、どちらかが亡くなったら姉には相続させず、残る一方へ相続するという遺言書を作成されました。

ポイント

・不動産の共有は避けたほうがよい。分筆して単独にする

遺言書例　きょうだいに分けたい

遺　言　書

遺言者　柏木典子は次のとおり遺言する。

1．遺言者は、遺言者の妹○○に、不動産（土地・建物）と現金、預貯金、公社債及び株式等遺言者所有の一切の財産を相続させます。
妹○○が遺言者より先に死亡した場合は、不動産を遺言者の甥○○に遺贈します。
金融資産については、遺言者の甥○○と姪○○に遺贈します。

2．遺言者は、この遺言執行者として、妹○○を指定します。
妹○○が遺言者より先に死亡した場合は、前記甥○○を遺言執行者に指定します。

(付言事項)

姉は、将来は両親の面倒をみると約束して家を建てましたが、両親とも面倒をみることはありませんでした。私と妹も姉に頼ることはできないと感じており、妹と２人で助け合うことを決意するに至りました。

よって、財産も姉ではなく、妹に相続させるとし、妹亡きあとは甥、姪に遺贈することにしました。

令和○年○月○日

○○県○○市○○

遺言者　柏木典子　㊞

ケース別遺言書例⑤

子はいるが孫にも残したい場合

遺言者＝柳ゆり子さん（70代）
推定相続人＝長女

財産を娘婿の自由にさせたくない

教職についていた柳《やなぎ》ゆり子《こ》さんは、自宅とアパート2棟、預貯金や有価証券などを合わせて2億円ほどの財産を所有されています。当初、相続税の節税について相談に来られましたが、いちばんの不安は別のところにありました。

ひとり娘は嫁ぎ、孫は男の子と女の子、1人ずつ。娘、孫とはとても仲がよく、柳さん夫婦、娘、孫で一緒に旅行に行くほど円満です。しかし、娘婿は家に寄り付かず、それが気に入らないといいます。

柳さんの財産が娘に相続された後、もし娘婿より娘のほうが先に亡くなったら、財産は娘婿に相続されるため、孫には相続されずに娘婿が勝手に売ってしまう可能性もあります。柳さんは、それだけは絶対に避けたい、どうすればよいのかと相談に来られたのでした。

この場合、「娘と孫に相続、遺贈する」という遺言を残しておけば、家も金融財産も娘婿は自由にできません。そこで遺言書を作ることを提案。内容について娘さんや孫と検討し、了承を得たうえで遺言書を作成されました。

ポイント

・「財産を娘に相続、孫に遺贈する」と遺言すれば、娘婿の手に渡ることはない

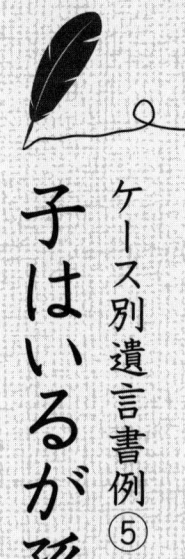

遺言書例　子と孫に残したい

遺　言　書

遺言者　柳ゆり子は次のとおり遺言する。

1．遺言者は、遺言者の有する下記不動産を遺言者の長女○○に相続させる。
自宅　　土地、建物の各２分の1
アパートＡ　　土地、建物の各２分の1
アパートＢ　　土地、建物の各２分の1

2．遺言者は、遺言者の有する下記不動産を、遺言者の長女の長男△△（平成○○年○月○○日生まれ）に遺贈する。
自宅　　土地、建物の各２分の1
アパートＡ　　土地、建物の各２分の1

3．遺言者は、遺言者の有する下記不動産を、遺言者の長女の長女□□（平成○○年○月○○日生まれ）に遺贈する。
アパートＢ　　土地、建物の各２分の1

4．遺言者は、遺言者の有する預貯金・有価証券から遺言者の葬儀費用、残存債務及び相続税等を支払い、その残余の預貯金・有価証券を遺言者の長女○○に２分の１の割合で相続させ、長女の長男△△と長女□□に各４分の１の割合で遺贈する。
２長女○○が遺言者より先に死亡した場合には、遺言者は前項により長女○○が取得することになっていた財産は長男△△、長女□□が代襲相続する。

5．遺言者は、祖先の祭祀を主宰すべき者として遺言者の長女○○を指定する。
但し、墓地、仏具の管理維持は遺言者の長女の長男△△が行うものとする。

6．遺言者は、本遺言の遺言執行者として、長女の長男△△を指定する。

(付言事項)
私の所有する不動産は、亡き夫が苦労して購入し、夫婦で守ってきた大事な財産です。長女だけでなく、孫世代にも維持してもらいたいと思い、この遺言書を作成しました。私の気持ちを汲んで、家族で協力して維持し、不安のない生活をしてもらえたらと願っています。

令和○年○月○日

○○県○○市　○丁目○番
遺言者　柳 ゆり子　㊞

※不動産(自宅、アパートＡ・Ｂ)の詳細は登記簿謄本のとおりに記載したほうがよい(45ページ参照)。

ケース別遺言書例⑥

相続人以外に残したい場合

遺言者＝近藤みさ子さん（70代）
推定相続人＝亡姉の子2人（姪）

親友に財産を渡したい

数年前に内縁の夫を亡くした近藤《こんどう》みさ子《こ》さん。子どもはおらず、現在はひとり暮らしをしています。近藤さんは二女で、姉が1人いましたがすでに亡くなり、現在、身内といえるのは亡き姉の娘2人だけ。しかし、彼女たちとは交流がなく、自分の老後を頼んだり財産やお墓のことを託せる心境にはなれないといいます。

先日、近藤さんにがんが見つかり、手術・入院を経験しました。そのとき、入退院の手続きや着替えの準備など親身になって近藤さんを助けてくれたのが、親友のBさん。自分の財産はBさんと、亡くなった夫の甥Aさんにも預金の一部を渡したいと考えています。

相続人でない人に財産を遺贈する場合は、手続きの際に遺贈される人の住民票が必要になります。遺言書を書いておくだけよりも、事前にBさんに意思を伝えて了解してもらうほうがよいとアドバイス。話したところ快諾してくれ、住民票も渡してくれました。近藤さんは、縁の薄い姪たちより身近に接してくれた人に財産を渡す準備ができ、幸せを感じています。

ポイント

- 遺言書があれば、相続人以外の他人にも財産を分けることができる（遺贈）
- 受贈者に意思を伝えて了解してもらう

遺言書例　お世話になった人に残したい

遺　言　書

遺言者　近藤みさ子は次のとおり遺言する。

1．財産の遺贈

1遺言者は、相続開始時に遺言者が所有する有価証券、預貯金等一切の財産を遺言執行者をして随時適宜の方法により全て換価させた上、換価により得られた金銭（手持現金を含む）を次の者に対し、次のとおり遺贈する。

（1）A○○○○（平成○○年○月○日生）に対し、金＊＊＊万円。

（2）B○○○○（昭和○○年○月○日生）に対し、上記A○○○○に遺贈する金＊＊＊万円を除いた残余の金銭。

2遺言者より先にB○○○○が死亡した場合は、前項の換価により得られた金銭のうち、金＊＊＊万円をB○○○○の夫C○○○○（昭和○○年○月○日生）に、その残余の金銭をA○○○○に遺贈する。

2．遺言執行者の指定

遺言者は、本遺言の執行者として前記B○○○○を指定する。

遺言者より先にB○○○○が死亡した場合は、前記A○○○○を遺言執行者に指定する。

(付言事項)

Aさんは私の甥であり、夫が亡くなった折の葬儀の際、その他いろいろと世話になったので、感謝の気持ちから遺贈するものです。

Bさんとのお付き合いはとても長く、お世話になっています。私が病気をした際には、入退院の手続きや入院中の付き添いなど、大変面倒をみていただき、その後も何かにつけてお手数をおかけしているので、感謝の気持ちから遺贈するものです。

お二人には大変お世話になり、ありがとうございました。

令和○年○月○日

○○県○○市○○

遺言者　近藤みさ子　㊞

ケース別遺言書例⑦

おひとりさまの場合(1)

遺言者＝永原佳美さん（50代）
推定相続人＝なし

内縁の夫に財産を残したい

永原佳美《ながはらよしみ》さんは、いわゆる「おひとりさま」ですが、これまでの蓄えと退職金、年金があるので定年後も困ることはないでしょう。

問題は、自分の死後、財産をどうするか。10年同居する5歳年下の内縁の夫がいますが、お互い、入籍するつもりはありません。したがって、内縁の夫でも戸籍上はあくまでも他人で、相続権はありません。両親はすでに亡くなり、兄弟姉妹もなし。つまり、相続人がいないのです。相続人がいない場合、財産は最終的に国庫に入ると聞いた永原さんは、できることなら内縁の夫に託したいと、相談に来られました。

原則として、法定相続人しか遺産を受け取ることができません。亡くなった人と内縁関係にあったり、介護をしたなどの場合は「特別縁故者」として財産の一部を受け取る申し立てをすることもできますが、家庭裁判所に手続きをしなければなりません。それよりも遺言書を作成しておくことで、確実に内縁の夫に財産を渡すことができるので、遺言書を作成されました。

ポイント

- 法定相続人でなくても遺言書で財産を渡すことができる
- 特別縁故者として財産の一部を受け取るには家庭裁判所で認められる必要がある

遺言書例　内縁の夫に残したい

遺　言　書

遺言者　永原佳美は次のとおり遺言する。

1．遺言者は遺言者の有する下記の不動産を含む全財産を、遺言者の内縁の夫○○○○（昭和○○年○○月○○日生まれ）に遺贈する。

【区分所有建物】
（一棟の建物の表示）
所在　　○○区○○
建物の名称　○○○○
構造　　鉄筋コンクリート造陸屋根３階建
（専有部分の建物の表示）
家屋番号　○○○○
建物の名称　○○○○　　（土地部分省略）

2．遺言者は、内縁の夫○○○○が遺言者の死亡以前に死亡（同時死亡を含む）したときは、前記の財産を換金の上、○○○○へ寄付する。

3．遺言者は本遺言１．の遺言執行者として、内縁の夫○○○○を指定、２．の遺言執行者として○○○○をそれぞれ指定する。
２遺言執行者は、不動産の名義変更、預貯金の解約・払戻し等、本遺言を執行するために必要な一切の権限を有する。

（付言事項）
○○○○へ　長く支えてくれたことに感謝しています。諸事情により入籍はしていませんが、人生の伴侶としてともに生活してもらえたことで楽しい毎日を過ごすことができました。私の財産の残りは託します。活かしてもらえたら幸いです。

令和○年○月○日

○○県○○市　○丁目○番
遺言者　永原佳美　㊞

※土地の詳細も登記簿謄本のとおりに記載したほうがよい（45ページ参照）。

ケース別遺言書例⑧

おひとりさまの場合(2)

遺言者＝須藤かおりさん（60代）
推定相続人＝なし

保護犬のために役立ててほしい

須藤《すどう》かおりさんは「おひとりさま」。大学卒業後、留学をして海外で職を得て、苦労を重ねながらも第一線で働き、輝かしいキャリアを築きました。結婚を考えたこともありましたが、それよりも仕事、仲間との交流、趣味が楽しく、独身を貫いてきたといいます。

60歳になったことを機に帰国。財産は十分にあるため、茶道や書道、山登りの趣味を楽しんだり、地域のボランティア活動をしたりしながら悠々と日々を過ごしています。

そろそろ終活をしようと、遺言書作成について相談に来られました。財産は、帰国後すぐにキャッシュで買ったマンションと預貯金、有価証券。両親はすでに亡くなり、須藤さんもひとり娘ということで相続人はいません。

知人から、「相続人がいない場合、財産は国のものになる」と聞いた須藤さん。それは納得がいかない、保護犬の幸せのために活動している認定NPO法人に寄付したいと、相談に来られました。

ポイント

- 遺産の寄付は「遺贈」によって行なう
- 寄付先を慎重に選ぶ
- 遺言書を作成し、遺言執行者を指定する

遺言書例　団体・施設に寄付したい

遺　言　書

遺言者　須藤かおりは次のとおり遺言する。

1．遺言者は、遺言者の有する不動産・預貯金・有価証券など一切の財産を換金し、遺言者の葬儀費用、残存債務及び相続税等を支払い、その残余の財産については、下記、NPO法人○○○○に遺贈する。

【区分所有建物】
（一棟の建物の表示）
所在　　○○区○○
建物の名称　○○○○
構造　鉄筋コンクリート造陸屋根３階建
（専有部分の建物の表示）
家屋番号　　○○○○
建物の名称　　○○○○　　（土地部分省略）

【遺贈先】
ＮＰＯ法人○○○○
所在　　○○区○○

2．遺言者は、本遺言の遺言執行者として、弁護士○○○○を指定する。

3．遺言執行者は、不動産の登記手続き、預貯金の名義変更、売却、貸金庫の開扉、解約、払戻金及び換価金による遺言者の債務及び諸費用等の支払いその他遺言執行に必要な一切の権限を有する。

（付言事項）
親族がいない私にとってペットはかけがえのない家族のような存在で、時に励まされてきました。そうしたことから、私の財産は保護犬の幸せのために活動しているＮＰＯ法人○○○○に寄付しますので、有益に使ってもらえたらと願い、この遺言書にしました。

令和○年○月○日

○○県○○市　○丁目○番
遺言者　須藤かおり　㊞

ケース別遺言書例⑨

夫より子に多く残したい場合

遺言者＝藤原真理子さん（70代）
推定相続人＝夫、長男、次男

夫に渡さなくても……

藤原真理子《ふじわらまりこ》さんは、同年代の夫とともに衣料品関係の会社を運営してきました。長男、次男とも両親の会社に入社。夫婦は数年かけて自社株を子どもたちに贈与しながら事業承継の準備をし、65歳でリタイアしました。

退職時には夫に1億円、藤原さんには8千万円の退職金が支払われました。夫婦ともに金融資産が貯《た》まっていることに加えて退職金が加算されたので、節税対策をしながら遺言書を作成しておいたほうがよいとアドバイスしたところ、夫は「自分の財産は自分の好きなように使う」と言って、耳を傾けようともしません。

そこで、藤原さんは自分だけでもと、子どもたちのために遺言書を作成することにしました。亡くなるのは夫が先か藤原さんが先かはわかりませんが、仮に藤原さんが先に亡くなったとすると夫には半分の権利があります。しかし、夫には藤原さんより多くの財産があり、これ以上増えると相続税が大幅にアップすることに。そこで、藤原さんの財産は2人の子どもが等分に相続し、「夫に渡すものはない」という遺言書を作成することにしました。

ポイント

・遺言書を作成し、財産の残し方を決める
・夫に渡さないことで次の相続税を節税

遺言書例　夫より子に多く残したい

遺　言　書

遺言者　藤原真理子は次のとおり遺言する。

1．遺言者は、遺言者の有する下記の不動産を、遺言者の長男○○（昭和○○年○○月○○日生まれ）と次男○○（昭和○○年○○月○○日生まれ）に各２分の１の割合で相続させる。

【土地】
所在　　○○区○○一丁目
地番　　○○番○○
地目　　宅地
地積　　○○㎡
【建物】
所在　　○○区○○一丁目
家屋番号　　○○番○○
種類　　居宅
構造　　木造スレート葺き３階建
床面積　１階　○○㎡
　　　　２階　○○㎡

2．遺言者は、前項に記載した不動産以外の遺言者の有するすべての財産を長男○○及び次男○○に各２分１の割合で相続させる。

3．長男○○及び次男○○は、本遺言により財産を取得することの負担として、費用及び債務を負担・継承するものとする。

4．遺言者は、本遺言の遺言執行者として、司法書士○○○○を指定する。
２遺言執行者は、不動産の名義変更、預貯金等金融資産の解約、払戻し等、本遺言を実現するために必要な一切の権限を有する。

（付言事項）　長男○○と次男○○へ
　仕事中心の家庭にありながら、二人ともそれぞれ逞しく育ってくれました。会社も二人で引き継ぎ、成長させてくれて感心しています。これからもお互い助け合いながら生きてもらいたいと心から願っています。
　夫も私も老後の体調管理につまずき、二人に心配をかけてしまいました。私の財産は夫ではなく二人に役立ててもらいたいと思い、この遺言書を作成しました。二人の母としてとても幸せな人生でした。ありがとう。

令和○年○月○日

○○県○○市　○丁目○番
遺言者　藤原真理子　㊞

ケース別遺言書例⑩

夫に残したくない場合

遺言者＝太田ひろ子さん（50代）
推定相続人＝夫、姉、妹

親から相続した家は夫には渡せない

太田《おおた》ひろ子《こ》さんは、母親が亡くなり、姉と妹の3人で相続の手続きを終えたばかり。太田さんと夫が母親と同居して母親の面倒をみていたこともあり、家は太田さんが相続、金融資産は姉妹で3等分、生命保険は姉と妹が等分することで円満に話がつきました。

自分の財産を今後どうするか。夫婦の間には子どもがいないので、相続人は夫と姉と妹、そしてその子ども（甥、姪）です。姉や妹に財産を渡すのはいいとして、問題は夫です。

夫は太田さんとは再婚で、先妻との間に息子が1人。もし太田さんが夫より先に亡くなると夫の相続分は4分の3で、家に住み続けるには名義を自分に変えることが予想されます。しかし、夫名義にすると太田さんの財産の相続人は先妻の子ども1人。家の相続人はその子となり、太田さんの姉妹の権利は一切なくなります。つまり、母親から相続した家が他人の手に渡ってしまうわけです。それだけは避けたいと、遺言書を作成することにしました。

ポイント

- 自分が先に亡くなった場合を想定し、夫に「配偶者居住権」を与える遺言書を作る
- 所有権は家を相続させたい姉、妹、甥、姪の中から決めて遺言書で指定する

遺言書例　夫に残したくない財産がある

遺　言　書

遺言者　太田ひろ子は次のとおり遺言する。

1．遺言者は、遺言者の有する次の建物（以下「本件建物」という。）について、無償で使用及び収益する権利（配偶者居住権）を、同建物に居住している遺言者の夫○○（昭和○○年○○月○○日生）に遺贈する。配偶者居住権の存続期間は、夫○○の死亡の時までとする。

（建物の表示）
所在　　○○市○○区○○町○丁目○○番地○○
種類　　居宅
構造　　木造瓦葺き２階建
　　　　１階　○○○㎡　２階　○○○㎡

2．遺言者は、本件建物（前記の配偶者居住権付きのもの）を遺言者の姉○○（昭和○○年○○月○○日生）に相続させる。

3．1.の遺言執行者として、遺言者の夫○○を指定する。遺言執行者は、配偶者居住権の設定の登記手続きほか1.の執行に必要な一切の行為をする権限を有す。

4．遺言者は、遺言者の有する預貯金・有価証券から遺言者の葬儀費用、残存債務及び相続税等を支払い、その残余の預貯金・有価証券を遺言者の夫○○、姉○○、妹○○に法定割合で相続させる。

（付言事項）
夫は私の両親と同居し、献身的に介護も担当してくれてとても感謝しています。自宅は同居していた私が母親から相続したものですので、姉とその子に渡したいと考えましたが、同居してくれた夫には配偶者居住権により不安なく住んでいられるように配慮しました。親族で円満に引き継いでもらえたらと願います。

令和○年○月○日

○○県○○市　○丁目○番
遺言者　太田ひろ子　㊞

Column② エンディングノートと遺言書の違い

エンディングノートと遺言書には決定的な違いがあります。それは、法的な効力の有無です。

人生最期のときに備え、自分についてのさまざまな情報、意思や希望を書き留めておく「エンディングノート」。すでに書き始めている方もいらっしゃるでしょう。「だから、わざわざ遺言書を書く必要はないのでは?」と思っている方もいるかもしれません。たしかに、エンディングノートがあれば、残された人はそこに書かれている故人の情報や意思、希望にしたがって行動することができるので、迷うことはないかもしれません。その意味では、遺言書と同じです。

しかし、エンディングノートと遺言書では法的な意味がまったく違うのです。エンディングノートに書かれている内容は、あくまでも家族や相続人への「お願い」に過ぎず、法律上の効力は認められません。

エンディングノートと遺言書は、似て非なるものなのです。財産について自分の意思や考えを実現したい場合には、必ず必要な条件を満たした遺言書を書いておく必要があるでしょう。

とはいえ、エンディングノートは、自筆証書遺言を書くためのいい準備、いい練習になります。

遺言書に自分の意思や考えを書くといっても、いきなり書けるものでもないでしょう。自分のこれまでを振り返り、自分の心の中をよくよく見つめるには、それなりに時間がかかります。エンディングノートなら、思いついたときに自由に書けるので、まずはそこに自身の意思や希望をまとめておけば、遺言書を作成するときに大きな助けになるはずです。

また、せっかく遺言書を書いておいても、その存在を誰にも知らせていないと、希望とは違った内容で財産が分割されてしまうこともあるかもしれません。そうした残念なことを防ぐために、エンディングノートに遺言書の有無、種類、保管場所を書き残して、わかりやすい場所に置いてメッセージとして伝えるようにしましょう。

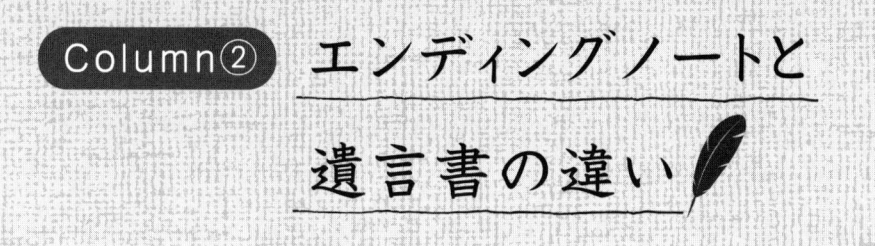

3章

知らないと後悔する相続・贈与のキホン

相続とは？

すべての人が直面する問題

相続とは、被相続人（本人）の財産の一切の権利義務を、配偶者や子どもなどの相続人が引き継ぐことです。財産は被相続人の死亡と同時に相続されるもので、財産の多い、少ないに関係なく、相続はすべての人が必ず直面する問題です。「自分ごと」のテーマなのです。

相続人がいてもいなくても、親や祖父母、兄弟姉妹がいる場合でも相続は発生します。「おひとりさまの私には相続なんて関係ない」と言ってはいられません。

なお、この「財産」には「物」以外の契約上の地位（賃貸借契約の貸し主・借り主の地位など）や知的財産も含まれます。

ある一定の額以上の財産がある人には相続税が課税されます。相続税の申告と納税は、被相続人が死亡したことを知った日の翌日から10カ月以内に行なうことになっています。

注意したいのは、財産には「プラスの財産」だけでなく「マイナスの財産」もあるということです。プラスの財産となるのは、不動産や動産、預貯金や有価証券などです。マイナスの財産となるのは、借金や滞納した税金などです。マイナスの財産がプラスの財産を上回ることもあるので、すべての財産を把握しておく必要があります。

相続の方法は3つ。プラスの財産もマイナスの財産もすべて引き継ぐ「単純承認」、マイナスの財産だけでなくプラスの財産もすべて放棄する「財産放棄」、プラスの財産の範囲内でマイナスの財産を引き継ぐ「限定承認」という方法があります。

マイナスの財産のほうが大きい場合は、生前に返済や自己破産などで処理しておきたいところですが、残っている場合は相続人が相続放棄や限定承認を選択することができます。

スムーズな相続のために知っておきたいこと

相続でトラブルが起きないようにするために準備しておきたいのは、次の2つです。

①自分の死後にどれだけ財産が残されるか知っておく

②自分の財産を相続できる「法定相続人」を把握しておく

①については、先述した「マイナスの財産」もすべて把握しておき、それらすべてを書き出した財産目録を作っておくと便利です。

②は、これも先述のとおり、配偶者や子どもがいなくても法定相続人がいる場合があるので、確認不足でトラブルを招かないように、しっかり把握しておきましょう。

①②を把握したうえで、「誰にどの財産を残すか」を遺言書に明記しておけば、相続人の手続きがスムーズで、もめごとも避けられます。

相続財産にはマイナスの財産もある

マイナスの財産

借入金、未払金、敷金、保証金、買掛金、保証債務

未払いの所得税、消費税、国民健康保険料　など

プラスの財産

預貯金、現金、土地、建物、株式、国債、社債、貸付金、知的財産権

自動車、貴金属、骨とう品　など

贈与とは？

「生前贈与」と「死因贈与」がある

民法では、「贈与は、当事者の一方が自己の財産を無償にて相手方に与える意思を表示し、相手方が受諾を為すことによって、その効力を生ずる」契約であるとしています。人と人がある事柄に合意し、お互いに権利義務を発生させる法律的な意味での約束を「契約」といいますが、贈与も契約のひとつとなります。

贈与には大きく分けて「生前贈与」と「死因贈与」があります。

生前贈与は、存命中に他者に財産を渡すものです。受け取る側に贈与税がかかりますが、年間に受け取った贈与額が110万円以下の場合は非課税になります。110万円超えの金額には贈与税を払います。この制度を利用して1年単位で少しずつ贈与していきます。これを「暦年贈与」といいます。

ただし、受け取るのが相続人の場合は、贈与者が亡くなる前3年以内の贈与には、相続税が加算されます（生前贈与加算）。なお、法改正によって2024年1月1日以降の贈与から7年以内に改正されます。今後もさらなる改正があるかもしれません。生前贈与したいと考えているなら、早めに行なうのが賢明です。

相続や遺贈（遺言書で第三者に財産を渡すこと）を受けない人は生前贈与加算の対象外です。また、婚姻期間20年以上の夫婦が、住宅や住宅購入資金を配偶者に贈与する場合は、最大2000万円が非課税になります。

死因贈与は、「私が亡くなったら、この財産を贈与する」という契約を結び、死後に贈与することです。「介護してくれたから財産を贈与する」など条件つきの「負担付死因贈与」にもできます。契約は口約束も認められますが、トラブルを避けるために書面を作っておくと確実です。

ただし、契約となるため、受贈者（贈与される人）は18歳以上に限られます（親の同意があれば未成年でも可）。また、相続税の課税対象となります。

遺贈の場合は受贈者の年齢制限はありませんが、こちらも相続税の課税対象となります。

相続とは違うメリットがある

生前贈与には、次のような4つのメリットがあります。

①贈与する相手を自由に選べる

代襲相続（71ページ）しない甥や姪、お世話になった人など、法定相続人にはならない相手にも財産を渡せます。たとえば、「兄弟姉妹との仲は悪いが、その子どもである甥や姪に財産を渡したい」といった場合に、贈与は有効な手段となります。

②贈与の時期を自由に決められる

いつ相続が発生するか（亡くなるか）は誰にもわかりません。しかし、生前贈与なら自分のタイミングで財産を渡すことができます。

③贈与税の節税を期待できる

暦年贈与の年110万円の基礎控除や、婚姻期間20年以上の夫婦に適用される特例などが使えるため、節税効果が期待できます。

④財産を減らすことができる

配偶者が相続人になる場合など、生前贈与で財産を先渡しして減らしておくことで、相続の際の課税を減らすことができます。

相続人の範囲と順位

自分の「法定相続人」は？

不本意な相続にならないように、自分の死後、誰に相続できるのかをしっかり確認しておきましょう。財産をもらう権利のある人は、民法で決められていて、該当する人を「法定相続人」と呼びます。

相続人には「血族相続人」と「配偶者相続人」があり、前者は直系卑属（子どもや孫など）、直系尊属（父や母など）、傍系の血族（兄弟姉妹、甥や姪など）、後者は配偶者（夫または妻）です。相続できる人について、血族の範囲を定めており、誰もが法定相続人になれるわけではありません。

法定相続人は、全員が公平に相続できるわけではなく、第1から第3まで優先順位があり、第1順位は直系卑属、第2順位は直系尊属、第3順位は兄弟姉妹と決められています。

配偶者は、どんな場合でも相続人となります。ただし、婚姻届が出されている配偶者に限られ、内縁関係の場合は相続人になれません。この配偶者の相続権を優先したうえで、残る割合については血族に相続権があります。たとえば、第1順位の子どもがいるときは、配偶者と子どもが相続人、子どもがなくて父母が健在の場合は、配偶者と父母が相続人になります。

配偶者がいない場合は、優先順位が最も高い相続人が相続します。第2順位の親・祖父母が亡くなっている場合は、第3順位の兄弟姉妹が相続人になります。

兄弟姉妹が亡くなっている場合は、その子ども（甥や姪）が代わりに相続します。これを「代襲相続」といいます。代襲相続ができるのは甥や姪までで、甥や姪が亡くなっている場合、その子どもには相続権はありません。

血が繋がっていなくても、養子縁組をしていれば実子と同じように相続の権利があります。また、正式な婚姻関係にない男女間の子を「非嫡出子」といいますが、父親から認知を受けていれば、実子や養子と同様に第1順位の相続人になります。

遺言書がない場合、以上の順位で相続人が決まり、法定相続分をもとに財産が分けられます。兄弟姉妹と交流がないなどで、自分の法定相続人以外の人に財産を渡したい場合、また、法定相続人であっても相続させたくない人がいる場合は、その旨を遺言書に残すことで、自分の意思が実現できます。

相続人の範囲

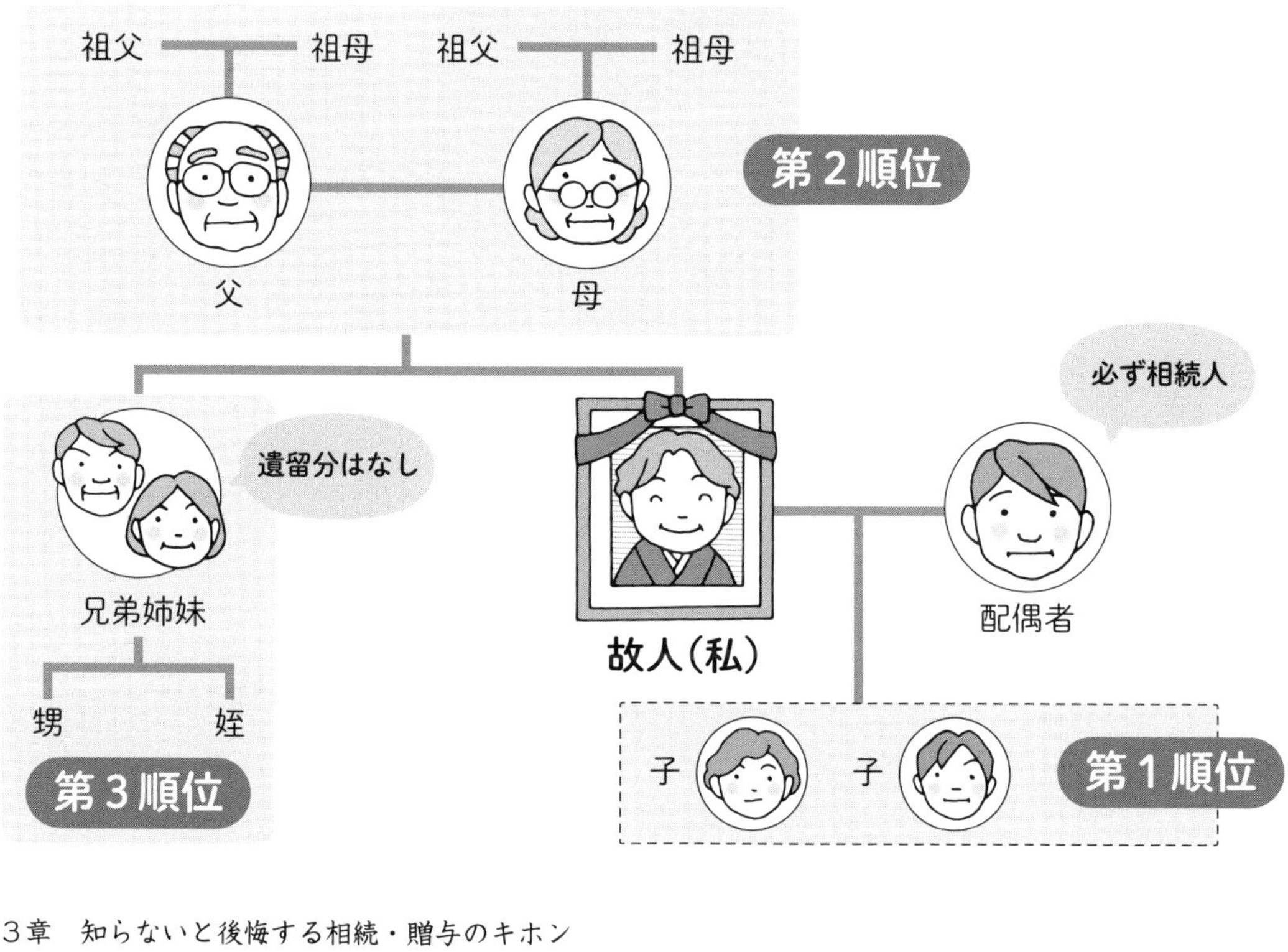

書き込み式　法定相続人がすぐわかる相関図

※マスの中に親族の名前を入れましょう。

配偶者がいて子のいない人

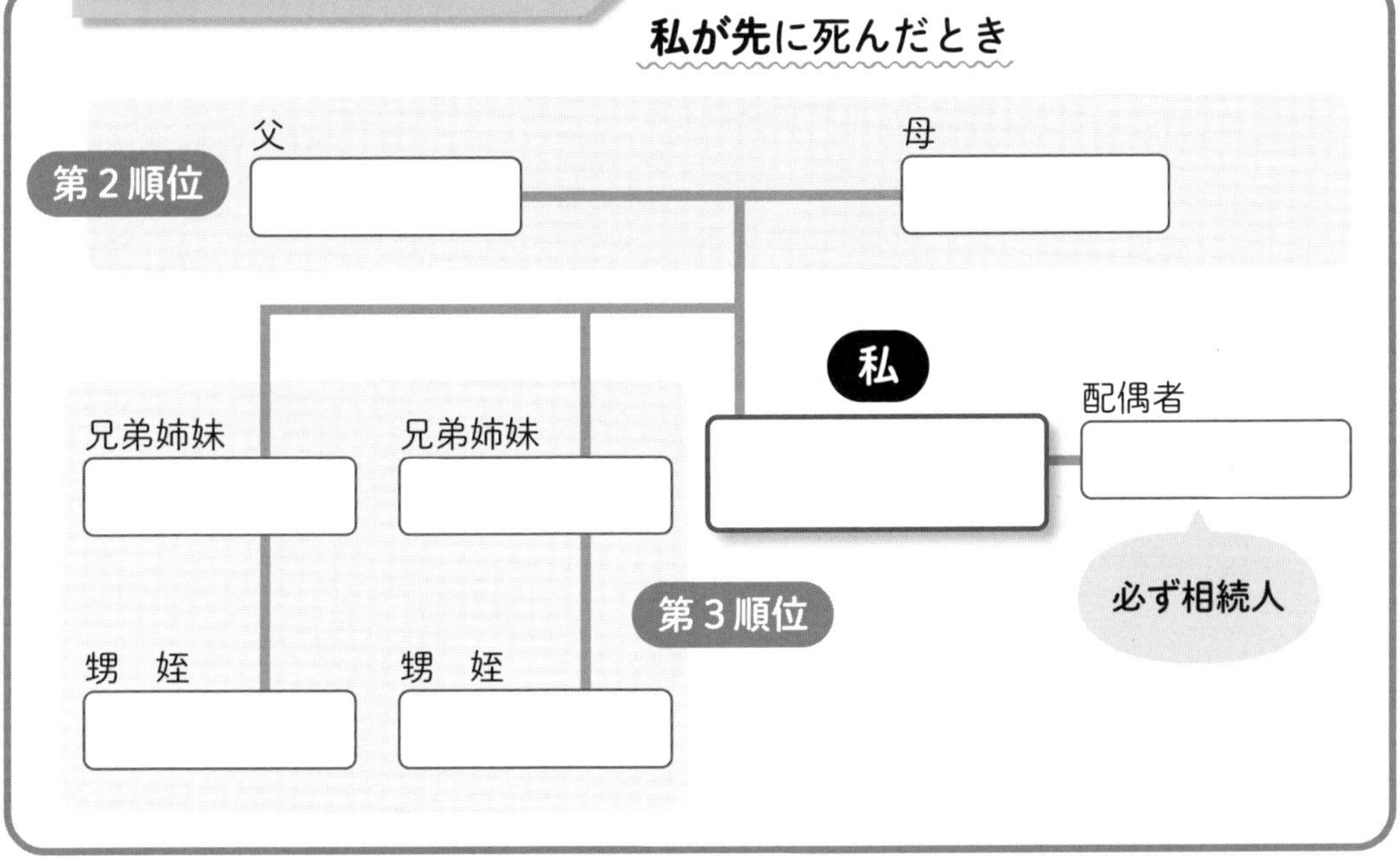

子のいないおひとりさま

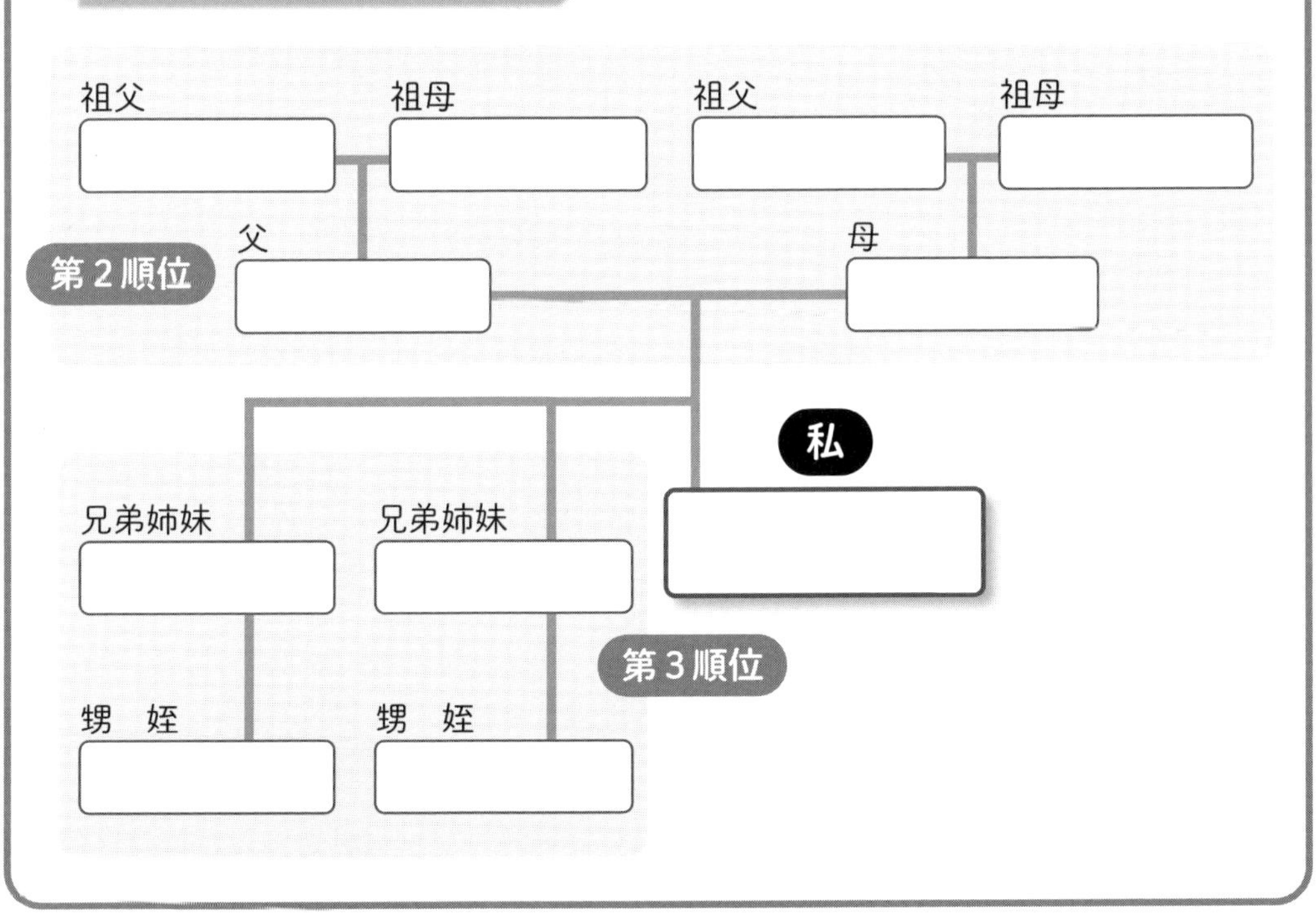

相続人になれない人もいる

「相続欠格者」と「相続廃除」

法定相続人の範囲内であっても、殺人や詐欺などの違法行為を行なったために「相続人としての資格なし」と認定された人は、相続することができません。これを「相続欠格者」といい、次のような場合です。

・被相続人や、自分より上の順位、あるいは同じ順位にある人を殺そうとしたため、刑に処せられた人
・被相続人が殺されたことを知りながら、それを告訴、告発しなかった人
・詐欺や脅迫をして、被相続人に遺言をさせたり、その取り消しや変更をしようとするのを妨げた人
・詐欺や脅迫をして、被相続人の遺言書を偽造したり、変造したり、破棄したり、隠匿《いんとく》したりした人

また、相続欠格ほどではないものの、相続人になるはずの人が被相続人を虐待したなどの場合、被相続人の意思によって、推定相続人から相続権を奪える制度が認められています。これを「相続廃除」といい、次のような場合です。

・被相続人を虐待した人
・被相続人に重大な侮辱を加えた人
・その他、著しい非行があった人

相続廃除の遺言をすると、遺言執行者が家庭裁判所に廃除の申し立てをして、家庭裁判所が審判を行ないます。

法定相続分とは

配偶者の有無、相続順位によって割合が変わる

相続人が2人以上の場合は、財産をどう分けるかを決める必要があります。財産を分けることを「遺産分割」といい、その割合を「相続分」といいます。民法では、遺産分割について原則を定めています。

【法定相続分・代襲相続分】

遺言書がない場合の相続分。法定相続人に、相続する資格がなくなった場合は、子や孫が代襲相続する

【指定相続分】

遺言書で指示された相続分で、法定相続分より優先される

【特別受益者の相続分】

被相続人の生前に、被相続人から財産贈与や遺贈を受けた人が受ける相続分

【寄与分】

被相続人の財産形成に特別な寄与をした人が受け取る分

法定相続分については、民法によって、それぞれの取り分の目安が次のように定められています。

①相続人が配偶者と子

配偶者1／2、子1／2。子が複数人いる場合、この1／2を人数割りする

②相続人が配偶者及び被相続人の直系尊属

配偶者2／3、直系尊属1／3。直系尊属が複数人いる場合、この1／3を人数割りする

③相続人が配偶者及び被相続人の兄弟姉妹

配偶者3／4、兄弟姉妹1／4。兄弟姉妹が複数人いる場合、この1／4を人数割りすることになります。

なお、代襲相続人がいる場合は、本来相続人になるべきだった人の相続分を、そのまま受け継ぎます。

法定相続分の割合

配偶者と子ども

配偶者が1/2、子が1/2

・子が亡くなっているときは孫に
・子が複数人の場合は1/2を等分に

配偶者と親

配偶者が2/3、親が1/3

・親がいないときは祖父母に
・父母が複数人の場合は1/3を等分に

配偶者と兄弟姉妹

配偶者が3/4、兄弟姉妹が1/4

・兄弟姉妹が亡くなっているときは甥・姪に
・兄弟姉妹が複数人の場合は1/4を等分に

配偶者が死亡

子がいれば子が10割

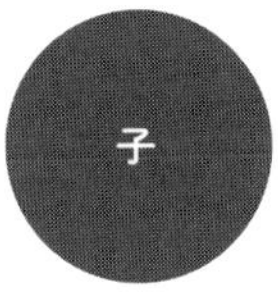

・子が複数人いる場合は等分に

独身

子がおらず、親がいるときは親が10割（複数人の場合は等分に）
子も親（祖父母含む）もいないときは兄弟姉妹が10割（複数人の場合は等分に）

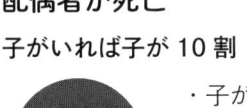

遺産分割の方法

5つの方法がある

遺産分割は、必ずしも法定相続分どおりに分ける必要はありません。相続人全員が納得すれば、どのように分けてもかまいません。

また、遺産分割には決まった期限はありませんが、相続税の申告までに遺産分割が決まらなければ、配偶者の税額軽減や小規模宅地等の特例が受けられないので、申告期限までに分割しておいたほうがいいでしょう。

遺産を分割する方法として、次の5つがあります。

①**現物分割**……誰がどの財産を取るか決める方法で、最も一般的

②**代償分割**……ある相続人が法定相続分以上の財産を取得する代わりに、他の相続人たちに自分のお金を支払う方法

③**代物分割**……ある相続人が法定相続分以上の財産を取得する代わりに、他の相続人たちに別のものを渡す方法

④**換価分割**……相続財産をすべて売却して、その代金を分割する方法

⑤**共有分割**……土地などは共有にして持ち分で分ける方法

以上の方法を組み合わせることもできます。また、「遺産の共有」、すなわち遺産を相続人全員で共有するという選択肢もあります。

「遺留分」とは

遺言書は法定相続分より効力があり、被相続人は遺言によって自分の財産を自由に処分することができます。

しかし、まったく自由ということになると、たとえば他人などに与えられてしまい、遺族が生活に困るケースも出てきます。そうした事態を避けるために、一定の範囲の相続人が最低限相続できる財産を保証しています。これが「遺留分」です。遺留分算定上の財産価格の求め方は、次のとおりです。

遺留分算定上の財産価格＝被相続人の死亡時の財産価格＋贈与した財産価格－債務の額

遺留分が侵害されたとわかったときは、相手に金銭の支払いを請求できます。これを「遺留分の侵害額請求」といいます。侵害額請求は、相手に「請求する」という意思表示をすればよく、相手がそれに応じない場合は、家庭裁判所に調停を申し立てることになります。

遺留分侵害額の請求権は、相続の開始及び遺留分が侵害されていることを知ってから1年が期限です。遺留分侵害額の請求は金銭で支払うことに一本化されました。

遺留分の割合

兄弟姉妹

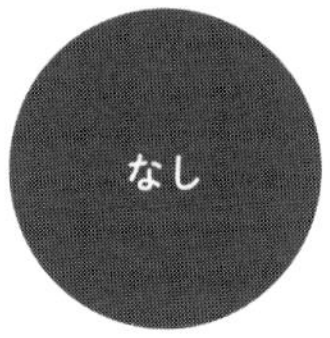

法定相続人が兄弟姉妹のみの場合、遺留分は認められていない

親のみ

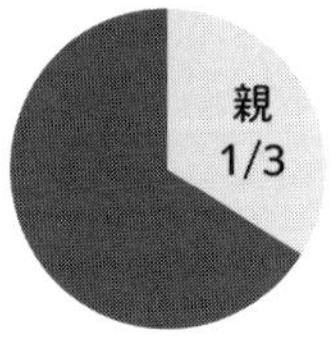

法定相続人が親のみの場合、親の遺留分は父母あわせて1/3に

配偶者と親

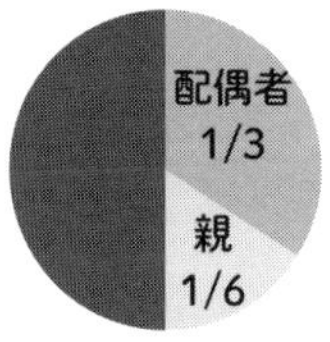

法定相続人が配偶者と親の場合、配偶者の遺留分は1/3、親は父母あわせて1/6に

配偶者のみ

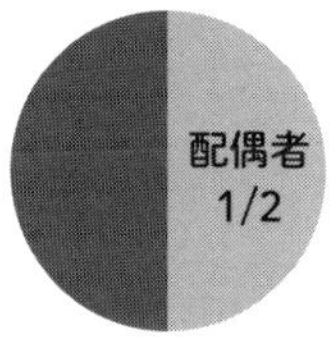

法定相続人が配偶者のみの場合、配偶者の遺留分は1/2に

「特別受益」と「寄与分」は別枠で

相続人の中で被相続人から遺贈を受けたり、生前に資金援助を受けたりしている人がいるとき、これを「特別受益」といい、相続の前渡しを受けたものとして相続分から差し引いて、計算することにします。

また、相続人の中で、仕送りを続けた場合や被相続人の事業を無報酬で手伝っていた場合、借金を肩代わりした場合、無償で被相続人の病気やケガの看病・介護をした場合など、被相続人の財産の維持、または増加につき特別の寄与をした場合、他の何もしていない相続人と同じ相続分では不公平と言えるでしょう。そのため、財産の価格から「寄与分」を別枠として相続し、残りを配分することになります。

ただし、寄与分として認められるには、その貢献が家族としての扶養義務を超えることを他の相続人に示し、同意してもらわなくてはなりません。寄与分の算出はなかなか難しく、明確に証拠や資料がなければ、他の相続人の同意を得られないこともあります。

相続人同士で遺産分割の内容をしっかり話し合い、まとまったら、「遺産分割協議書」を作りましょう。

この協議書は、相続人全員が同意したという証拠になり、トラブル回避に役立ちます。

遺産分割協議書の作り方には決まったルールはありませんが、次の2点は必須です。

①相続人全員が名を連ねること

②印鑑証明を受けた実印を押し、印鑑証明書を添付すること

未成年者や認知症などで代理人を選任した場合は、代理人の実印と印鑑証明も必要です。

次ページに、遺産分割協議書の作成例を紹介します。参考にしてみてください。

遺産分割協議書の作成例

遺産分割協議書

令和○年○月○日に死亡した被相続人○○○○の遺産について、同人の相続人全員において分割協議を行った結果、各相続人がそれぞれ下記のとおりの遺産を分割し、取得することと決定した。

記

1．相続人A○○○○が取得する財産
（1）東京都○○区○○丁目○番
　　宅地○○平方メートル
（2）同所同番地　家屋番号○番
　　木造瓦葺き2階建て居宅1棟　床面積○○平方メートル
（3）同居宅内にある家財一式
（4）○○銀行○○支店○○○○名義の定期預金　口座番号○○○○
　　○○○○万円
2．相続人B○○○○が取得する財産
（1）東京都○○区○○丁目○番
　　宅地○○平方メートル
（2）同所同番地　家屋番号○番
　　軽量鉄骨造り3階建て賃貸アパート1棟　床面積○○平方メートル
（3）○○銀行○○支店　投資信託
3．相続人C○○○○が取得する財産
（1）東京産業株式会社の株式　○万○○○株
（2）○○銀行○○支店○○○○名義の定期預金　口座番号○○○○
　　○○万円
4．相続人A○○○○が負担する債務
（1）未払い租税公課、医療費及びその他の債務
（2）葬儀費用一式

上記のとおり、相続人による遺産分割の協議が成立したので、これを証するため、本書3通を作成し、各1通ずつ所持する。

令和○年○月○日

東京都○○区○○丁目○番地○号
相続人　○○○○　印

東京都○○区○○丁目○番地○号
相続人　○○○○　印

東京都○○区○○丁目○番地○号
相続人　○○○○　印

相続財産とは

相続税のかからない財産もある

相続を受けると、基本的には相続税が課せられます。

「相続」と聞くと、土地や家屋といった不動産、株券や預貯金などを思い浮かべるでしょう。中には「大した財産はないから、相続とは関係ない」と思う人もいるかもしれません。

しかし、相続の際には、亡くなった人が所有していたもの「すべて」が、財産として評価されます。

土地や家屋、事業（農業）用財産、有価証券、預貯金、貴金属や宝石などといった、形があって目に見えるものには当然、「本来の財産」として相続税がかかります。それだけでなく、形としてとらえにくい他人の土地を借りている借地権や著作権なども財産として評価し、財産に加えなければなりません。

また、生命保険金や死亡退職金など、亡くなったことによって支払われるものも、相続財産としてみなされることから、「みなし財産」として相続税が課せられます。

82ページに「相続財産」「みなし財産」として相続税のかかるものを示していますので、参考にしてください。

こうしたことから、大した財産はないからと相続をまったく意識していなかった人でも、亡くなってから生命保険金と死亡退職金が支払われることもあります。自宅の不動産の評価が高ければ、合わせて1億円以上の評価になるということもあり、そうなれば相続税も払わなければなりません。

以上のように、亡くなった人が残したほとんどすべての財産を評価して相続税の課税対象となりますが、生命保険金と死亡退職金には非課税枠がありますし、墓地や墓石、祭具などは「非課税財産」として除外していいことになっています。

なお、負債がある場合は、その分を相続財産から差し引くことができます。債務控除として相続財産から差し引けるのは、住宅ローンなどの借入金、医療費などの未払い債務、未納の税金と葬式費用です。また、賃貸物件の敷金や保証金も、いずれは返す預かり金なので、相続財産から差し引くことができます。

83ページに相続財産から徐かれる7種類の財産を示していますので、参考にしてください。

「相続財産」として相続税のかかるもの

課税財産	本来の相続財産	土地など ……… 田、畑、宅地、山林その他の土地など 家屋など ……… 家屋、構築物など 事業用財産 …… 減価償却資産など 有価証券 ……… 株式、出資金など 預貯金 ………… 現金、預金、金銭信託など 家庭用財産 …… 家具、書画、骨とうなど その他 ………… 立木、果樹、特許権など

「みなし財産」として相続税がかかるもの

課税財産	みなし相続財産	死亡保険金………生命保険金、共済金 死亡退職金………功労金なども含む 生命保険契約に関する権利 ………被相続人が保険料を負担したもので、保険事故未発生分 定期金に関する権利 ………郵便年金契約などの年金の受給権 信託受益権………遺言による信託受益権 その他……………遺言による債務免除益など
	その他	相続時精算課税制度を選択した贈与財産

課税対象から除かれる7種類の財産

非課税財産	**①墓地、墓石** **②祭具など公益事業用の財産** ……… 宗教など公共の用に供するもの **③心身障害者共済制度の給付金** **④幼稚園などの事業用地** **⑤公益法人への寄付金など** **⑥生命保険金** ……… 500万円×法定相続人分 **⑦死亡退職金** ……… 500万円×法定相続人分 **※弔慰金は原則非課税**（業務上の死亡…給料の３年分 その他の死亡…給料の６カ月分以内）
債務控除	**債務** ……… 借入金・未払金など **葬儀費用**

葬儀費用とされるもの

埋葬、火葬その他に要した費用（仮葬儀と本葬儀を行なう場合は双方の費用）
葬儀に際し施与した金品で、被葬儀人の職業、財産などから相当程度と認められるものに要した費用（お布施、読経料、戒名料など）
その他、葬儀の前後に要した費用で、通常葬儀に伴うと認められたもの
遺体の捜索、または遺体もしくは遺骨の運搬に要した費用

葬儀費用とされないもの

香典返礼費用
墓碑及び墓地の購入並びに墓地の借入料
初七日、四十九日の法要に要した費用
医学上または裁判上の特別の処置に要した費用

課税価格を計算する

相続税を計算するには、相続した財産にはどんなものがあるか確認し、いくらに評価されるかを知ることが必要です。その次に、どのくらいの相続税がかかるかを計算します。

相続税の算出は、「課税価格の計算」「相続税総額の計算」「各人の相続税額の計算」「納付税額の計算」の4つの段階からなります。

課税価格の計算は、相続や遺贈によって財産を取得した人ごとに行ないます。手順としては、①相続（遺贈）財産＋②みなし相続財産－③非課税財産－④債務控除＋⑤相続開始前3年以内の贈与財産、です。⑤は、相続や遺贈によって財産を取得した人が、その相続前3年以内（2024年より7年に改正）に被相続人から財産の贈与を受けていた場合、その贈与の価格をその人の相続税の課税価格に加える、というものです。

相続税の総額を計算する

遺産にかかる基礎控除額とは、相続する財産の総額から一定額を控除する金額のことで、これを超える部分に相続税が課税されます。

したがって、課税価格の合計額を求め、これが基礎控除額以下であれば、相続税は一切かかりませんし、申告の必要もありません。基礎控除額の算定方法は、次のとおりです。

相続税の基礎控除額＝
3000万円＋600万円×法定相続人数

相続というと、高い相続税を払うというイメージがありますが、基礎控除によって、実は相続税がかかる人はまだ少数です。令和3年のデータになりますが、亡くなった人のうち相続税がかかったのは9・3パーセントです。

相続税の速算表

法定相続分		税率（%）	控除額
	1000万円以下	10	―――
1000万円超	3000万円以下	15	50万円
3000万円超	5000万円以下	20	200万円
5000万円超	1億円以下	30	700万円
1億円超	2億円以下	40	1700万円
2億円超	3億円以下	50	2700万円

例）法定相続分が1,500万円の場合
1,500万円×0.15－50万円＝175万円

各人の相続税額を計算する

①相続税の総額を比例按分する

相続税の総額は、相続や遺贈により財産を取得した人全員で負担するトータルな税額を示すものです。このときは相続人の法定割合によって計算します。次に、実際には各人がどれだけの財産を取得し、いくらの相続税を納めるのか、計算する必要があります。

この計算は、相続人や受遺者（遺言によって財産を受け取る人）たちが実際にどれだけの財産を取得したかに基づいて行ないます。相続税の総額を、各人が、取得した財産の課税価格で按分する（割り振る）のです。

②按分割合の出し方

按分割合は、その人が取得した財産を課税価格の合計額で割って出します。按分割合は、原則として小数点以下第2位までです。

そして、各人の割合の合計が「1」になるよう調整します。

各人の按分割合を相続税の総額に掛けると、一人ひとりの相続税額となります。

相続税の2割加算

被相続人の配偶者や一親等の血族（父母や子ども）以外の人が財産を取得した場合は、算出税額に2割を加算します。たとえば、被相続人の孫や兄弟姉妹が財産を取得した場合は、その算出税額が2割増しになります。

相続税の税額控除は6種類

相続税から差し引ける項目があると説明しました。それは「贈与税額控除」「配偶者税額控除（配偶者の税額軽減）」「未成年者控除」「障害者控除」「相次相続控除」「外国税額控除」の6つです。

このうち、最も節税効果が大きいのは配偶者税額控除です。被相続人の配偶者が取得した財産の課税価格が法定相続分以下なら、取得額がいくら多くても相続税はかかりません。または、配偶者の取得額が法定相続分を超えていても、その額が1億6000万円以下なら相続税はかかりません。

ただし、この控除を受けるには、

①婚姻届が出ている法律上の配偶者であること

②相続税の申告期限までに、相続人・包括受遺者（すべてあるいは大部分の財産を受け取る人）間で遺産分割が確定していること

という2つの条件が必要です。相続人同士で遺産争いがあり、申告時までに遺産分割協議がまとまらない場合は、軽減の特例は受けられません。ただし、申告期限から3年以内に遺産分割が行なわれたときは、修正申告をすることで軽減の特例が受けられるようになります。

相続税の税額控除の種類

税額控除種類	控除の内容と要件
贈与税額控除	被相続人からその生前３年以内の贈与を受け（68ページ）、その課税価格を相続税の課税価格に加算された者（2024年以降は７年以内に） 贈与を受けた年の申告贈与税額 × 相続税の課税価格に加えられた贈与財産の価格 ／ 贈与を受けた年分の贈与財産の合計額
配偶者税額控除（配偶者の税額軽減）	相続税の申告までに相続財産が分割・取得されていること 相続税の申告書を提出すること 次の書類を添付すること ①遺言書の写し ②遺産分割協議書の写し ③被相続人の生命保険・退職金などの支払通知書など ④戸籍謄本 配偶者が財産の半分まで、あるいは取得財産価格が１億6000万円までは無税。それを超えそうな場合は、以下の計算式で控除額を計算する 相続税の総額 × AまたはBのうちいずれか少ない金額 ／ 相続税の課税価格の合計 A：相続税の課税価格の合計のうち配偶者の法定相続分 B：配偶者が実際に相続により取得した財産の税額
未成年者控除	相続人が18歳未満であること 10万円×（18歳－相続開始時の年齢）
障害者控除	相続人が70歳未満でかつ障害者であること 一般障害者控除＝10万円×（85歳－相続開始時の年齢） 特別障害者控除＝20万円×（85歳－相続開始時の年齢）
相次相続控除	被相続人が相続により財産を取得してから10年以内で、前回の相続で相続税が課税された場合
外国税額控除	相続または遺贈により日本国外にある財産を取得し、その財産の所在国で相続税に相当する税金が課せられたとき

Column③ 変わりつつある家や家族の意識

かつての日本では、祖父母、父母、子の3代が一つ屋根の下で一緒に暮らし、家や家業はおもに長男が継ぐのが一般的でした。家業がない家庭にしても、子どもは親と同居して面倒をみていくのが当たり前。しかも、親の世話は長男の嫁が一手に引き受ける。そんな時代が長く続いていました。

もちろん今でも、代々続いている家や、家業を子どもが継承している家庭はあります。とくに地方では、長男が親と同居する家庭も多いでしょう。

しかし近年、そうした家のあり方、家族の形は変化してきています。婚姻の形の変化や少子化などによって、家業を継承できない家族が増えており、一般家庭でも家が続かないことがあります。

そうしたことの背景には、人々の家に対する意識の変化もあるでしょう。家督制度がなくなったことで、長男も自由に人生を選べるようになり、「長男（おもにその妻）が親の面倒をみる」という図式が成り立ちにくくなりました。また、「老後は子どもの世話にはならない」という親も増えてきています。

相続についても、とくに子どもが親と同居していない場合は、長男だから、長女だからという長子の権限はなくなりました。子どもたちは「誰も公平に相続できる」という意識を持っています。

また、親は親で「子どもに財産は残さない」という人もいます。昔では考えられないことかもしれませんが、今はその選択肢もあるのです。

こうした時代に変わりつつありますので、自身の家や相続に対する考え方もアップデートして、より自分らしく人生を生き抜いていきたいものです。

遺言書作成にあたって疑問を持ったり困ったりしたときは、自己判断せず、専門家に相談しましょう（費用がかかる場合があります）。

※ホームページや記述内容は、予告なく変更・削除される場合があります。

【相続実務士®】

相続対策の提案から実務の専門家

一般社団法人相続実務協会が認定する資格。相続相談の窓口となり、相続対策を提案してくれる。弁護士や税理士などの専門家とチームを組み、その実現のための実務を行なう。遺産分割協議が必要だったり、遺産の多くが不動産だったりした場合、適切な相続対策を提案してくれる。

◎一般社団法人相続実務協会　https://souzoku-j.org/

【行政書士】

書類作成の専門家

遺産分割協議書の作成、遺言作成、相続手続き、死後事務委任契約手続き、任意後見・委任契約手続き、任意後見人の受任などに対応。相続放棄や裁判所提出書類の作成はできないが、遺産分割協議書の作成を行なえるほか、役所に提出する書類を作成できる。

◎日本行政書士会連合会　https://www.gyosei.or.jp/

【弁護士】

法律の専門家

法的トラブルに対応。相続に不安があり、死後のトラブルを未然に防ぎたい場合、法律のプロに相談するのも選択肢のひとつ。法定後見人・後見監督人を受任できる。弁護士にはそれぞれ得意分野があるので、相続を専門にしている弁護士に相談を。

◎日本弁護士連合会　https://www.nichibenren.or.jp/

◎弁護士ドットコム　https://www.bengo4.com/

【公証人】

公正証書作成の専門家

法務大臣の任命により公正証書の作成をする。公正証書遺言を作成したい場合には、公証人に依頼する。そのほか、死後事務委任契約や任意後見契約、財産管理契約などを作成する場合も公正証書にするのが一般的。公証人が在籍する公証役場は全国に約300カ所存在する。

◎日本公証人連合会　https://www.koshonin.gr.jp/

【司法書士】

不動産登記の専門家

相続財産に不動産が含まれている場合、不動産の名義変更をするための相続登記が必要となるため、司法書士が担当する。相続放棄や家庭裁判所への調停・審判の申告書の作成も行なう。

◎日本司法書士会連合会　https://www.shiho-shoshi.or.jp/

【税理士】

税務の専門家

相続が始まると、10カ月以内に相続税を申告する必要がある。預貯金以外の相続財産がある場合、相続税の計算は複雑になるので、相続を受ける人の負担を少しでも減らしたい場合は税理士に相談を。相続税の申告書を作成し、申告の代行をしてくれる。

◎日本税理士会連合会　https://www.nichizeiren.or.jp/

【ファイナンシャルプランナー（FP）】

資産運用の専門家

お金や暮らしの相談に乗り、ライフプランニングに対する助言を行なう。老後の生活設計や資金準備などを相談できる。相続に関しては、相続税をどのように準備すればいいかなどの対策について、助言をしてくれる。

◎日本FP協会　https://www.jafp.or.jp/

エピローグ　～思いのこもった遺言書を残しましょう

本書は単に「遺言書」を書きましょうというだけでなく、ご自分や家族のために「遺言書」を用意して、その先のご自分の生き方もイメージしていただけたらという思いもこめてまとめました。

最後に、ちょっとむずかしい相続の話が出てきて、「大変そう。やっぱり無理」と思っている方もいらっしゃるかもしれませんね…。しかし、いつ何が起こるかわかりません。

繰り返しになりますが、「遺言書は自分のためのもの」です。そして後に残る人たちが平和に、安心して暮らせるようにするためのものでもありますが、やはり自身が納得する締めくくりをするためのものなのです。あなたのオリジナルストーリーとなる遺言書を、ぜひ用意していただきたいと思います。

相続についての正しい知識を身につけるのは、なかなか大変です。たとえば、生前贈与加算は2024年の法改正によってさらに厳しくなりますが、その後もさらなる改正があるかもしれません（68ページ参照）。

そこでおすすめしたいのが、自筆証書遺言の場合でも、わからないことや困ったことがあったら専門家のアドバイスを受けることです。相談料がかかっても、書き方を間違えて遺言書が無効になってしまったり、自分の思い込みや中途半端な知識で書いて残された人に苦労をかけてしまったり、自分の意思を100パーセント実現できなくなってしまったりする不安はないほうがいいでしょう。

実際、よかれと思って作った遺言書が、かえってトラブルを招いてしまうケースも少なくないのです。書籍やインターネット情報で探すこともひとつの方法ですし、各自治体でも相続や遺言書の相談窓口があると思いますので、探してみましょう。

遺言書を書いていて、頭の中に「?」が浮かんできたら、弁護士や司法書士など専門家にアドバイスを仰いでみてください。

「自分で遺言書を作るのはやっぱり不安」「相続トラブルの可能性を最低限に

したい」と思われるなら、公正証書遺言の作成をおすすめします。その場合も、遺言書の内容を決めるときから専門家に相談してください。相続に慣れた専門家に証人になってもらうことで、不安がなく、間違いのない遺言書を作ることができます。

専門家といっても、誰を訪ねればいいのか迷うところでしょう。専門家を選ぶ際には、相続のノウハウや多くの実績がある専門家を選ぶことが大切です。すべての専門家が、相続に詳しいとは限らないからです。

実際にあったケースですが、公証人が作った遺言書でも、あとから遺言書の存在を知った相続人が「親がこんな遺言書を作るはずがない。無理やり作らされたのではないか」と不審に思い、「有利な相続人を訴えたい」という方もいるほどです。

このように、専門家選びでその後の方向性が変わってしまうことは少なくありません。自筆証書遺言にしても公正証書遺言にしても、相続問題に明るい人を選びたいものです。

ポイントは「感情面」のフォローがあるか否か、問い合わせたとき、あるいは実際に相談に行ったときに、話を丁寧に聞いてくれるかどうかです。相続の知識を持っているのは大前提で、重要なのは、遺言者や相続人の思いを汲《く》みとり、他の相続人にも配慮できるかどうか、です。遺言書は本人の「意思」「思い」を書くものなので、法律上のことだけでなく遺言者や相続人の感情面も考慮したアドバイスが必要なのです。

付録として、遺言書を作成する上で疑問が生じたときや困ったときの調べ先と相談先を紹介しています。私も相続実務士®として、ご本人、そして相続される方々に誠心誠意を尽くして、遺言書作成の証人としてお手伝いをさせていただいています。ぜひ上手に専門家を探して、ご自身の思いのこもった遺言書を作成してください。

そして遺言書ができあがると、次の前向きなことにも向き合っていただき、皆さまとご家族が心穏やかな毎日を過ごされることを心より願っております。本書がその一助となりましたら、私としてはこれ以上の幸せはありません。

相続実務士® 曽根恵子

〈著者紹介〉

曽根恵子（そねけいこ）

株式会社夢相続代表取締役。相続実務士®。公認不動産コンサルティングマスター、相続対策専門士。出版社勤務後の1987年に、不動産コンサルティング会社を設立し、相続コーディネート業務を開始。相続実務士®の創始者として、1万4900件以上の相続相談に対処。夢相続を運営し、感情面、経済面に配慮した「オーダーメード相続」を提案している。テレビ・ラジオ出演、新聞・雑誌取材協力も多く、その他セミナー講師としての実績も高く、幅広く活躍。

『図解 90分でわかる！ はじめての相続』（クロスメディア・パブリッシング）、『相続はふつうの家庭が一番もめる』『幸せを呼ぶ相続の教科書』（ともにＰＨＰ研究所）、『円満な相続には「遺言書」が必要！』（清流出版）、『プロが教える 遺言書 家族にやさしい書き方残し方』（週刊住宅新聞社）など、著書・監修書多数。

Staff
編集協力　鈴木裕子
装幀デザイン　村田 隆（bluestone）
本文イラスト　よしのぶもとこ
本文デザイン・組版　朝日メディアインターナショナル株式会社

女性のための いちばんやさしい遺言書の書き方

2023年12月12日　第1版第1刷発行

著　者　曽根恵子
発行者　村上雅基
発行所　株式会社PHP研究所
京都本部　〒601-8411　京都市南区西九条北ノ内町11
〔内容のお問い合わせは〕暮らしデザイン出版部 ☎075-681-8732
〔購入のお問い合わせは〕普　及　グ　ル　ー　プ ☎075-681-8818
印刷所　大日本印刷株式会社

ISBN978-4-569-85608-7